インターネットではわからない

# 子育ての正解 （幼児編）

監修 谷田貝公昭　編著 髙橋弥生・大沢裕

# 監修のことば

　2013（平成25）年9月に『しつけ事典―乳幼児期から青年期まで―』を刊行しました。おかげさまで好評を博し、韓国ソウル市で韓国語に翻訳出版されました。本書はその本を元に、乳幼児期の子育てに焦点を当てたものです。

　フランスの心理学者ワロン（Wallon, Henri Paul Hyacinthe 1879～1962）は『科学としての心理学』（滝沢武久訳、誠信書房、1960年）で「人間に一番近い動物でさえも、児童期は数週間で終わる。それに反して、人類では数年間を数えなければならない。人間の子どもは非常に長い年月の間、自活に備えることはできない。しかも、この年月の長さは、社会組織が複雑になればなるほど、長くなる。」と人間の生物学的機能について述べています。このことは、われわれ自身の生活をみれば容易に理解することができるでしょう。

　スイスの生物学者ポルトマン（Portmann, Adolf 1897～1982）は、『人間はどこまで動物か―新しい人間像のために―』（高木正孝訳、岩波新書、1961年）で、人間は生理的に一年早産だとし、そのことに人間の本質的意味が隠されていると指摘しています。

　このように、人間の幼児期が他の動物と比較して長いことは、極めて重要な意味を持っています。それは人間の教育の可能性が大きいことを意味しています。すなわち幼児は生物学的に自律できない存在なのです。したがって、幼児教育（保育）は、幼児の保護育成から始まるものであり、それを通して、人間の教育の基礎である自律への基盤をつくりあげていくものであるとみることができます。

　『むすんでひらいて』の作曲者としても有名な近代思想の先駆者ルソー（Rousseau, Jean-Jacques 1712～1778）は、『エミール』（押村襄、宮本文

好、永杉喜輔訳、玉川大学出版部、1961年）の冒頭において「大人は子どもをまるで知らない」といっています。このルソーの言葉は、ある意味で今日も通用します。たしかに、子どもを理解するための児童心理学を中心とする近接領域の諸科学は、彼の時代からすると驚異的な進歩をしました。しかし、今日でも多くの大人たちは、ルソーの時代と同じように子どもを知らないといえそうです。

　知識や学問などのいわゆる情報は、子どもについて実に多くのことを教えてくれましたが、それが逆に大人が心で子どもを理解することから遠ざけてしまっているように思われます。よく指摘されるように、親と子の心の隔たりが大きくなっていることなどがその好例といえましょう。

　一体子どもが何を求めているのか、子どもとはいかなる存在なのかといったことについて、科学は人間を無理解にしてしまったと言えます。本来、人間をより理解しようとするための研究が、逆に人間を理解しにくくするとは、全く不可思議なことと言わざるを得ません。

　われわれは、幼児教育（保育）の主体が幼児であることの認識を新たにしなければなりません。幼児教育（保育）の必要性に関する課題としては、成熟の加速化現象、基本的生活習慣の習得、話し言葉の習得、情緒の安定、社会性、知的発達の問題などが挙げられます。本書はこうしたことについてわかりやすく述べたことはもちろんですが、その近接領域に関することもあわせ取り上げました。

　幼児教育（保育）のねらいとするところは、幼児の望ましい方向への変容にあることを考える立場からは、まずもって彼らを理解することから始めなければなりません。彼らの成長や発達の過程を十分に理解し、幼児期の発達段階を確実に把握することが、幼児教育（保育）の出発点となるのです。本書がその一助となることを願っています。

　2021年10月　　　　　　　　　　　　　　　　　　谷田貝公昭

# はじめに

　子育てが難しいと感じるのは、いつの世の親も持つ気持ちだろうと思います。しかし、昭和の前半に比べ、近年の親の悩みは深刻度を増しているようです。その原因としては少子化と核家族化が挙げられています。以前は親自身のきょうだいが多く、きょうだい間で子育ての情報交換ができたり、親戚での集まりなどで小さい子どもの様子を見ることもあったりしていたため、親になる前に子育ての一部を体験的に学ぶ機会がありました。

　しかし、現代では、小さな子どもと関わる機会がほとんどなく、親になって初めて子育てに向き合う人が少なくないようです。両親学級や本、インターネット検索で予習をしても、実際には事前に得た知識では補えきれないことが日々起きるので、どうしたらよいか不安になってしまうのです。さらに、核家族がほとんどの現代では、子育ての先輩である祖父母に助言を得ることもままならず、不安が増大する結果となってしまっています。

　最近では、子育てに関する情報をインターネットで得る方法が一般的になりました。しかし、その情報は必ずしも専門家が発信しているわけではなく、信憑性に欠けるものもあり、かえって混乱を招くことにもなっています。インターネットの情報に助けられる場合もあるでしょうが、自分の子育てにますます不安を持ってしまう結果になることもあるようです。これは便利なツールの落とし穴といえるでしょう。

　さらに共働きの家庭が増加し、近隣との関わりが希薄になっていることも子育てを難しくしている一因といえます。子育て仲間となる同世代の親が近くにいれば、お互いの子どもの様子を見て自分の子どもだけの問題ではないと気づくこともあります。しかし、近隣との交流が減少し

子育てが家庭の中だけとなり、子育ての孤立化という問題が起きているのです。

当たり前ですが、子どもは一人ひとり発育の状況が違います。しかし、基本的な発育の段階や子どもに関わるうえでの原則的な方法は、これまでの研究からかなり明らかになっています。そのような知識を持っていることは、子育てをする上での安心材料になります。また、子どもの発育を見通せるようになるので、現在の状態だけを見て不安になることが少なくなります。このような知識や情報は、キーワードで検索するネットの情報では得にくいものです。やはり専門家の見解が記されている本や雑誌を読むことが必要でしょう。ところが、子育て中の親にとってはゆっくり読書をしたり、図書館や本屋で本を探したりは難しいものです。

本書の特徴は、保育・教育に関わる研究者や保育・教育の現場で子どもと関わっている専門家が、その知見をもとに子育ての基本をわかりやすく書いているところです。また、一つの悩みに関して、1ページで読みやすくポイントをまとめているので、忙しい中でも気になる問題に焦点を絞り読むことができます。小学校に入学するまでの期間に多くの親が悩む問題を取り上げ、基本的なことを具体的に述べているので、誰もが理解できる内容になっています。わが子の状態が発育の通過地点なのか、少し心配な状態であるのか、といった判断に迷った時の助けにもなると思います。子育てに関わる多くの方に読んでいただければ、執筆者一同大変嬉しく思います。

最後に、本書の出版に際しご尽力いただきました一藝社の菊池公男会長、小野道子社長、川田直美さんに心より感謝申し上げます。

2021年10月　　　　　　　　　　　　　　　　髙橋弥生

# もくじ

## 子育ての基本

## 気になる子どもの特徴

## 社会性を育む

## 知識を育む

## 言葉を育む

# 食事

# 睡眠

# 排泄

# 着脱衣

## 清潔

## 家庭生活に必要なこと

## 園生活で必要なこと

## 公共の場でのマナー

イラスト／葉づき
装丁／本田いく

# 監　修

谷田貝公昭 (やたがいまさあき)　目白大学名誉教授、NPO法人子どもの生活科学研究所理事長

# 編　著

髙橋弥生 (たかはしやよい)　目白大学人間学部子ども学科教授

大沢　裕 (おおさわひろし)　松蔭大学コミュニケーション文化学部子ども学科教授、博士（教育学）

# 執　筆　者

石井惠子 (いしいけいこ)　小平市・NPO法人地域ケアさぽーと研究所学習支援員

糸井志津乃 (いといしづの)　目白大学看護学部看護学科教授

岩城淳子 (いわきじゅんこ)　白鷗大学教育学部発達科学科教授

大賀惠子 (おおがけいこ)　岡山短期大学幼児教育学科教授

大﨑利紀子 (おおさきりきこ)　目白大学人間学部子ども学科非常勤講師

小尾麻希子 (おびまきこ)　武庫川女子大学短期大学部幼児教育学科准教授

古明地麻利子 (こめいちまりこ)　元横浜市立公立小学校教諭

清水美智恵 (しみずみちえ)　藤沢市・子育てアドバイザー

瀧口　綾 (たきぐちあや)　健康科学大学健康科学部福祉心理学科准教授

谷本久典 (たにもとひさのり)　東京・雙葉小学校教諭

中山映子 (なかやまえいこ)　元横須賀市児童相談所一時保護所係長

長瀬恭子 (ながせきょうこ)　横浜市・認定こども園中野幼稚園中野どんぐり保育園保育教諭

永野三枝 (ながのみえ)　高知県生活指導研究協議会常任委員

野末晃秀 (のずえあきひで)　松蔭大学コミュニケーション文化学部子ども学科准教授

橋本惠子 (はしもとけいこ)　日本社会事業大学社会福祉学部子どもソーシャルワーク課程非常勤講師

橋本英子 (はしもとひでこ)　富山県魚津市適応指導教室指導員

濱野亜津子 (はまのあつこ)　元目白大学人間学部子ども学科助教

福田真奈 (ふくだまな)　横浜創英大学こども教育学部幼児教育学科准教授

藤田久美 (ふじたくみ)　山口県立大学社会福祉学部社会福祉学科教授

藤田寿伸 (ふじたひさのぶ)　小田原短期大学保育学科特任講師

寶川雅子 (ほうかわまさこ)　鎌倉女子大学短期大学部初等教育学科准教授

谷田貝円 (やたがいまどか)　茅ヶ崎市・浜竹幼稚園教諭

吉田直哉 (よしだなおや)　大阪府立大学大学院人間社会システム科学研究科准教授、博士（教育学）

吉田美恵子 (よしだみえこ)　佐世保市・谷川学園認定こども園大野幼稚園園長

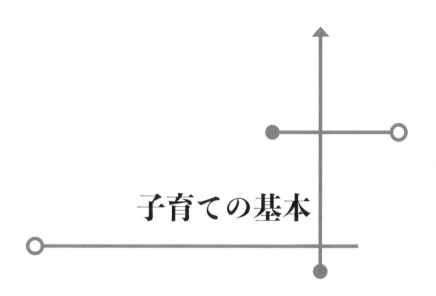

# 子育ての基本

# 子育ての基本

　子育てとは、簡単にいえば、子どもを一人前の大人に育てていくこと
です。子育てをする人にとって、どのようにして大人に育てていけばい
いのか、戸惑う人もいるかもしれません。近年では子どもが大人になっ
たときに、どのような社会になるのか、専門家といえども確かなことは
いえない時代になりました。

　**子育ての理想**　現代では子育てに不安を全くもたない人などいない、
といえるでしょう。どのような時代においても変わらない、子育ての基
本というものがあります。例えば、「他人に迷惑をかけず、何とか自分
の人生を切り開いていける人」は、いつの時代でも理想とされた人物像
でした。これから先、どのような時代になっても変わらない理想である
といえるでしょう。

　**子育てをする立場**　子育てをする上で、心得るべきことは、どれほど
幼く力が弱く未熟でも、子どもは自分の所有物ではなく、人格をもった
人間である、という信念です。父親や母親のもとに生まれた子どもは、
家庭の中の一員ですが、やがて子どもは、父親や母親とは別の自分自身
の人生を歩んでいかねばなりません。

　そうであるからといって、親と子は全く対等というわけにはいきませ
ん。当たり前ですが、大人は未熟な赤ちゃんよりも、人生の先輩です。
生まれて間もない子どもは、大人から色々なことを学ばなければなりま
せん。子どもと親は人間としては同じでも、親は子どもに配慮をし、一
人前に育てる責任があるのです。それは、決して子どもを親の言いなり
にすることでも、逆に親が子どもの言いなりになることでもありません。
子育ては、子ども自身の人生を実りあるものにしていくための支援です。
子育ての基本は、すべてここに集約されるのです。

**子どもの自発性の支援**　子育ては、子どもの個性を育むと同時に、社会性をも身につけさせることです。望ましい生活を送る中で子どもの力が自然と育つのであれば、こんなに楽なことはないかもしれません。子どもの周囲に手本となる大人がいて、望ましい環境がすべて整っていれば、難なく子育てができるでしょう。しかし世の中すべてが、そうであるとは限りません。世間は、子どもの個性を伸ばすことを阻むような刺激、あるいは子どもの社会性を育てるのに障害となるような刺激も溢れています。

　ですから、子どもにとって望ましい人ともの、つまり人的環境、物的環境を用意し、子どもの素質を可能な限り、開花させることが求められます。

　それは英才教育・早教育を行うことではありません。子どもの知識や思考力を鍛えても、それは、生きる力のほんの一部に過ぎません。たとえ豊富な知識や立派な思考力をもっていたとしても、それを支える意欲や態度、また努力していく活動が伴わなければ、子どもは、実りある人生を送っていくことはできません。そうした意欲や態度、努力は、親を含めた他者からの強制によって育まれるものではありません。むしろ子どもの気持ちを全く無視した強制は、子ども自身からやる気、意欲、前向きの態度を失わせる大きな原因となります。

　子育てには、子どもの創造力を育む面と、社会において求められる生活の仕方を習得していく面があります。「親の背中を見て子は育つ」というように、無意図的な影響、非計画的な影響は、とても大きいものです。子育ての基本は、育てる者が内容を考えて、子どものやる気を引き出しながら、具体的・個別的に、順序だって子どもに働きかけるところに特徴があります。

**子育ての内容**　子育てをする中で、誰もが躓きやすいポイントは、子どもの創造性を過信することです。例えば、子どもが服を着たり脱いだ

り、手を洗ったり、言葉を話したり、数字を書いたり、ルールを守ったりすること、その多くは、子どもが創造したり、発明するものではありません。例えば朝の「おはよう」という挨拶は、子どもが生まれるはるか昔から、社会の中で用いられている生活上の言葉です。そしてそれを、子どもは創造するのではなく、既にある生活の型として学んでいくのです。子どもが学ぶべき事柄の多くは、既に社会の中で定着しているあるべき姿、つまり社会の規範です。

　子育ての内容は、ものの見方・考え方、心のあり方、行動の仕方まで多岐にわたります。例えば、「人がしてほしくないことはしない」ように行動をとることは、幼児であっても、ぜひとも学ぶべき事柄です。しかし、幼児は初めから規範意識を持っているわけではありません。さまざまな経験をし、大人や他の友達と触れ合う中で、次第に「これはしてはいけない」という気づきに至ります。気づきは、他者からの指示だけで生まれるものではありません。子育ては、子どもの創造の作品ではないかもしれませんが、彼らの自主性を前提としているのです。

　幼児期から身につけなければならない多くは、普段の生活の中で習慣化されていきます。歯磨きや手洗い、うがいは、最初は模倣から出発しますが、やがて無意識的で自発的に行為することにまで発展していきます。子育ての最終的な目的は、子どもが社会の中で、他の人達と共存しながら、不自由さを感じることなく生活していくことです。

　**子育ての方法**　子育ての方法は、子どもを叱るよりも、やる気を高めるよう、できる限り多くの良い所を認め、褒めることが重要です。褒めることよりも叱られることのほうが多ければモチベーションが下がってしまうのは、子どもも大人も同じです。

　子どものやる気・意欲を高めるためには、彼ら自身の言葉に耳を貸し、その行いに共感するセンスをもつことが大事です。

　また同様に、子どものしたこと、行ったことをまず受け入れ、認める

ことが重要です。ともすれば子どもの行動は、大人からみて、取るに足らないもののように見え、早く育ってほしいとせっかちになり、正しくないことを指摘しがちです。しかし子どもには、彼らなりの育ちのペースがあります。大人のペースに巻き込むのではなく、子どもの育ちに寄り添い、じっくりと待てる姿勢が必要です。

それとともに重要な姿勢は、子どもに対しては、丁寧で親切であるべきだ、ということです。丁寧で親切な接し方というのは、必ずしも彼らを甘やかせることではありません。子どもの代わりに、何でもやってやることでもありません。

大人の私たちでも丁寧で親切にしてくれた人を好ましく思うものです。子どもも同じです。彼らはそうした人を心から信頼し、その人のいうことを素直に聞こうとするのです。すべての育ちには、こうした信頼関係の基盤があります。

**子育ての不安と希望**　現代は、あらゆるものが数値化される時代です。また、数値は比較の対象になります。このため、他の家庭の子どもと比較して、わが子に対する十分な子育てができていないと痛感することも多いものです。ひょっとすると、大多数の親たちがそうかもしれません。そうなれば、ますます親は子育てに対する自信を失ってしまうことになります。

人間は、子育てをする仕方を本能的に身につけているものではありません。いわば、子育ての仕方を学ぶことは当たり前のことなのです。その仕方を安心して学び、希望がもてる環境の充実こそ、今や望まれていることに他なりません。

子育てによって子どもが成長することは、親にとっては真の喜びです。そして、子どもの成長を実感しつつ、子育ての担い手である親もまた成長していきます。子どもの育ちは、子育てをする人自身の成長の証でもあるのです。

大沢　裕

# 幼児期の子育ての特徴

　幼児期の成長はとても早いもので、心も体もぐんぐんと育っていきます。ふと気づくと新しいことができるようになっている、ということも多くあります。また、体の成長も急激ですので、必要な栄養を取れる食事や発達に合わせた運動が必要です。バランスのとれた食事と、文部科学省の出している幼児期運動指針（平成24年）によれば毎日60分以上体を動かす機会を持つことが大切です。さらに、心の発達もめざましいものがあります。毎日安心して家庭で生活することで、親を安全基地としながら心が育っていきます。幼児の心のよりどころになって、子どもが不安なときや困ったときに親が助けてやれる環境が理想的です。

　幼児期の成長は個人差も大きく、同学年でも生まれた月によって成長の度合いが全く違います。つい他の子どもと比べて不安になったり焦ったりすることもあります。そのようなときには、園の先生に相談するのもよいでしょう。親の不安は子どもに伝わるので、好ましくはありません。幼児期の子どもを育てる時には、できないことを探すのではなく、できるようになったことを子どもと一緒に喜ぶ気持ちを持つようにします。

　**危険の認識ができない**　幼児期は大人の保護が必要な時期で、日々の生活では目を離せない状況が多くあります。特に安全面での配慮は命に直結するために重要です。幼児は危険への認識ができていないので、危ない場所に行ってしまったり、危険な道具に手を出したりすることもあるからです。交通事故や水場での事故など、痛ましい事故が後を絶たないのも、幼児の危険への認識が未熟ということが原因の一つでしょう。また、幼児は体に比べて頭が大きく重心が上にあるため、転倒や転落などの事故も多くあります。手やひざをすりむくくらいのけがなら問題は

ありませんが、ベランダなど高所からの転落やお風呂への転落は命に関わります。そのため、親は幼児の生活環境には気を配ります。

**イヤイヤ期は重要な発達段階**　幼児期の子育てで最も苦労するのが2歳頃からのイヤイヤ期でしょう。それまで親のいう通りに動いてくれていた子どもが、すべてにおいて「イヤ」といって反抗してくるように感じます。外出先でも床に寝転がって泣き叫ぶ、といったことがあるかもしれません。しかし、これは親に反抗しているのではなく、自分という存在に目覚める、つまり自我が育ってきている証拠なのです。この時期は、自分でやってみたい、自分の思い通りにしてみたい、という気持ちをできるだけ尊重してください。親を困らせるつもりではなく、重要な発達の過程なのです。「イヤイヤ」と子どもが言いはじめたら、順調に育っているのだな、と思ってください。

**待つ気持ちが大切**　幼児は体が小さいだけでなく、思考力も運動機能も大人に比べれば未熟です。そのため何をするにも大人より時間がかかります。例えば食事や着替えにしても、大人のように素早く済ませることはできません。しかし、ゆっくりでも自分でやることで徐々に早くできるようになりますし、できるようになれば自信も生まれ、色々なことに挑戦しようという気持ちも育つものです。大人のペースで子どもを動かそうとすると、時間がかかることにイライラしたり、できないことを叱ったりすることになりがちです。幼児期の子育ては、子どもが自分で挑戦する時間をできるだけ確保してやることが大切です。やらせなければいつまでも早くできるようにはならないのです。じっくり取り組ませて、大人はその時間に別の用事をすませる、といった工夫と待つ気持ちを持ってください。

**表面だけで判断しない**　幼児期の子どもの行動は、ややもするといたずらや意味のない行動のように見えるかもしれません。例えば、手を洗っていたと思ったら水をあちこちに飛ばして遊び始めた、トイレットペー

パーをたくさん繰り出してしまった、などということです。また、ダンゴムシをたくさん集めたり、ポケットにたくさんの小石を入れていたりする子もいます。親にとっては困った行動だと感じるかもしれません。しかし、これは幼児期の子どもの探究心が起こしている行動です。大人は興味を感じなくなってしまっているさまざまな小さい物事も、子どもにとってはすべてが不思議で興味深いことなのです。そしてこのような行動は科学の芽が育っているということです。また、さまざまなものに触れることで感性も豊かになります。子どもの行動を表面的に判断せず、何に関心があるのか、何を試しているのかを探ってみながら、親も一緒にその行動を楽しんだり試したりすることができれば、ますます子どもの探究心は深まります。ただ、どうしても困る行動や危険な行動については、やってはいけないことを表情や言葉で伝えて、その代わりになる物を用意してやるのが良いでしょう。頭ごなしにやめさせることは、育ちつつある芽を摘むことになってしまいますので気をつけましょう。

　**社会性を育てる**　小さい頃は一人遊びが中心ですが、２歳頃から近くの友達のことを意識して遊ぶようになります。友達とやり取りをしながら遊ぶことで、社会性の土台が育まれていくのです。最初は順番を守る、といったルールも分からないのですが、色々な体験を通して物事にはきまりがあることを理解します。また、鬼ごっこなどの遊びを通して、ルールを守ることでゲームが面白くなることも知ります。小学校に入る頃には、みんなで協力すると一人よりも楽しく大きな遊びもできることから、協力は必要だと理解できるのです。

　**直接体験をたくさんさせる**　近年、さまざまな動画が配信され手軽に鑑賞できるようになり、幼児期の子ども達もそれらを楽しむようになりました。しかし、幼児期においてはできるだけ直接体験をたくさんさせるように心がけてください。雪の映像を見てもその冷たさや感触は分かりません。かわいい動物の映像を見ても、動物の体温や体毛、体の感触

は分からないのです。直接動物に触れたことがない子どもにハムスター
を触らせたら、握りつぶしそうなくらい力を入れてしまったことがあり
ます。どのくらいの力を入れればよいかは、直接体験しなければわかり
ません。映像による知識はあくまでも補助的なものであり、体験のない
子どもにとっては直接体験に勝るものはないのです。子ども同士の関わ
りにおいても同じです。けんかをする経験を通して、悔しい気持ち、せ
つない気持ちを味わうことができ、仲直りする嬉しさもわかるようにな
るのです。子どもは体を使いながら学びます。体も心もたくさん使うこ
とで、お腹も空くし、よく眠るようになるのです。幼児期に直接体験を
しておくことで、将来頭の中だけで考える場面でも想像の枠が広がるよ
うになるのです。

**大人がモデルになる**　幼児期にはたくさんのことを身につけていきま
す。例えば言葉の数は、３歳から４歳頃に急激に増えます。その数は平
均すると1,700語程度と言われています。どのように覚えるのかといえ
ば、身近にいる大人の言葉を聞くことで言葉を修得していくのです。言
葉以外にも、子どもは身近な大人の行動を非常によく見ています。園で
子どもがままごとをしていると、その子どもの家庭の様子が垣間見える
ことがあります。また、親が人に親切にする姿を見せると、子どもも同
じ行動をすることがあります。これは子どもが無意識のうちに親の様子
を真似て、自分の中に取り込んでいるからなのです。このような力があ
るからこそ目覚ましい成長ができるわけですが、その分、身近にいる親
や先生は自分の言動に気をつける必要があります。子どもは大人の言動
の良し悪しを判断して真似るわけではありませんので、悪いことも素直
に真似てしまいます。そのため、大人はできるだけ子どもの良いモデル
になれるような言動を心がけると良いでしょう。良いモデルがそばにい
れば、教え込まずとも自然に子どもは良い行動ができるようになるもの
です。

高橋弥生

# 発達加速現象と子育て

　自分の子どもの頃と比べて「今の子は成長が早い」と感じている人は多いのではないでしょうか。子どもの発達が早まることが、子どもの育ちや子育てにどのような影響があるのか考えてみたいと思います。

　**発達加速現象とは**　前の世代と比べ、今の世代の方が子どもの発達が早まっている様子を発達加速現象といいます。発達加速現象には身長が伸びている、体重が増えていることなど体格が大きくなること（成長加速現象）、また乳歯や永久歯が生え始める年齢や生えそろう時期が早まっていることや、初潮や精通などの性的な成熟が始まる年齢が低くなっていること（成熟前傾現象）の二つがあります。

　**どれくらい発達が早まっているのか**　男女の平均身長と平均体重を比較した調査では、親子の間に30歳の年齢差があるとした場合、2003年で身長が最も親子間で差が大きいのは男子では13歳で約5cm、女子では11歳で約3cm高く、体重は、男子では15歳で約5kg、女子では11歳で約3kg増加していました。現在はこの時期のような目立った発達加速現象は見られません。他にも、初潮を迎えた年齢の平均を調べた全国調査では、1961年に13歳2.6ヶ月だった初潮年齢はその後次第に低年齢化し、平成（1989年）に入って数年してからは12歳2ヶ月と低年齢化しており、この初潮年齢は世界的にみても低い性成熟年齢であるといわれています。初潮年齢には個人差が大きく、早い人は8歳で初潮を迎えますが、遅い人では16歳でも初潮がみられない場合もあります。

　**発達加速現象はなぜ起こる**　その理由には都市化や産業化などの影響があるとされます。地方から都市へ人口が移動したり、都市の文化が地方へ広がることや社会が農業から工業生産へ変化したりすることによって、人々の生活スタイルも変わり、子どもの発達にも影響を与えたと考

えられています。他にも生活様式の欧米化や栄養状態の改善などにみられる食生活の変化、インターネット社会によりさまざまな情報を手に入れることができ、その結果便利な生活スタイルに変化したことなどが指摘されています。このように生活環境が子どもの育ちに与える影響はとても大きいと考えられます。ただし、これまでみたような発達のスピードの速さは、20世紀半ばから世界で見られる現象といわれてきましたが、現在は日本のような先進国で発達の速度がゆるやかになっており、逆に、経済的に発展途上にある後進国で発達が加速しているといわれています。日本もかつて1950年代から1970年代の高度経済成長の時期には、身長の伸びや体重の増加が目立ってみられました。

**心の発達と発達加速現象**　発達の加速は身体の変化や生理的な現象だけでなく、幼児期の心の発達の加速についても検討されました。心の発達の中でも言葉の発達についてです。子どもの日常生活の行動の中で言葉の発達は心の発達に関係します。言葉に関する国の調査では、1953年度の小学１年生と1967年度の４歳及び５歳の幼稚園児のひらがなの読み書きの力を比較した結果、４歳及び５歳児の方が極めて進んでいたという結果が得られました。心の発達の加速化が認められたことになります。このような状況を踏まえて、身長や体重などの身体面の発達が早まった時期に文字を多く教えるようにするのはどうかという研究も出てきました。しかし、別の研究から身体面の加速と心の側面の加速が関係しているかというと、なかなかそうはいえないことがわかっています。

**子どもの育ちと心や体の変化**　体の成長・発達が早まる分には何も問題はないのでは、と思われるかもしれませんが、体だけでなく心への影響も考える必要があります。いわゆる中学生頃から始まる思春期には、乳房のふくらみや声変わりなど体が大きく変化し、初潮や精通といった生殖能力をもつようになります。これは第二次性徴と呼ばれます。しだいに大人らしい体つきに変化していくわけです。体の変化は自分自身で

コントロールすることができませんので、子どもたちはとまどいや不安を覚えることも少なくありません。心の変化も同様です。体の変化と同時に、子ども扱いされるとイライラしたり、感情が不安定になったりすることも多く、自分でもどうしようもない状況にあると考えられます。このような過程を通して、「自分らしさとは何だろう」と自分自身の内面について考え始め、自分らしい価値観を身につけていきます。このような思春期の特徴に加え、発達加速現象によりもっと小さい年齢で体が成長するとなると、実際の年齢よりも身長や体重が早く成長することによって、外見は大人でも精神的にはまだ幼いというギャップが生じます。心の発達が追いつかず心と体のバランスが保てなくなってしまう可能性もあります。

**　生活習慣が心と体の土台を作る**　心と体の成熟には個人差があります。家族や周囲の大人は、変化を理解しようと努力し他の子どもと比較することなく一人ひとり大切に温かい目で見守るようにしましょう。また生活習慣を整えることも大事です。食生活や睡眠時間など規則正しい生活を心がけましょう。

**　子ども一人ひとりに合わせた関わりを**　子どもは「何歳になればこうなる」というように、単に年齢にあわせて成長・発達するものではありません。現代は子育てに関する情報があふれており、他の子どもと比べたりすることもあると思いますが、子どもの育ちは一人ひとり様子が違い、これまでみてきたように時代の変化や社会の影響を多分に受けるといえます。まず、目の前にいる子とゆっくり向き合いましょう。どんなことが心配なのか、何にイライラしているのかなどについて理解することが大事です。また子どもが不安な心のうちをいつでも話すことができるように、普段からコミュニケーションをとることも大切です。自分自身にゆっくり向き合い大人になっていけるように、目の前の子どもに合わせた関わりを心がけたいものです。

瀧口　綾

# 基本的生活習慣

　子どもの問題というと、多くの人たちは、非行、校内暴力、家庭内暴力、不登校、自殺、引きこもり、いじめなどといったことを連想するようです。こうした問題行動は、社会問題になっていることからも、確かに重大な問題であろうとは思いますが、少々騒ぎすぎの感がしないでもありません。なぜなら、こうした問題行動は、ごく一部の子どもの問題であって、わが国の子ども全部に直接関係したことではないからです。むしろ、関係ない子どものほうが圧倒的に多いのです。

　ところが、センセーショナルな報道の仕方によって、まるで日本中の子どもたちが全員そうなってしまったかのような錯覚を起こします。そのために、多くの子どもたちが直接関係しているもっと大きな問題が覆い隠されてしまっているのです。

　それは、幼児教育の必要性の課題の一つでもある基本的生活習慣が確立していないために引き起こされている生活リズムの乱れです。先に挙げたような問題行動と違って、センセーショナルでないので気づきにくいかもしれません。しかし、多くの子どもたちに関係する大きな問題です。さまざまな問題行動の多くは、生活リズムの乱れに起因している現象だと言えましょう。

　**基本的生活習慣とは**　習慣とは、一定の状況において容易に触発され、しかも比較的固定した行動の様式を言います。それはまた、その国の国民や社会が長い間かかりつくりあげてきたものですから、その国の文化の一部を形成するものでもあります。中でも、日常生活の最も基本的な事柄に関する習慣を、基本的生活習慣と呼んでいます。したがって、基本的生活習慣の育成は、その社会への適応性の育成を意味しますから、子育てする上で、極めて重視しなければならない問題であると言わざる

を得ません。

　基本的生活習慣は、二つの基盤に立つものに分けて考えることができます。一つは生理的基盤に立つ習慣であり、もう一つは社会的・文化的・精神的基盤に立つ習慣です。具体的には、前者が食事・睡眠・排泄の習慣であり、後者が着脱衣・清潔の習慣です。これらの習慣を幼児期に確実に身につけておかないと、その子どもはそれ以降の生活に支障をきたすとも言われています。

　人間は社会に生まれた時から、社会的関係の中で成長・発達しているのです。したがって、社会人として最低遵守しなければならない規律と、この社会で誰でもが習得しておかなければ健全な生活を送ることができない習慣との二つが基本的生活習慣と呼ばれているものなのです。

　換言すれば、基本的生活習慣とは、人間である以上、民族・人種を問わず、本質的に身につけなければならない習慣でもあります。この世に誕生したからには、自分自身を円満に成長・発達させるためにも、人間はこの社会の要求する習慣を身につける必要があります。

　このように、基本的生活習慣は生活に絶対欠かすことができないのはもちろんですが、心理的にも身体的にも、幼児の心身の発達の基礎になることを忘れてはなりません。例えば、箸を使用する習慣は、手指の運動とも関連しますし、着脱衣の習慣は、ひいては自立性の発達と関連します。したがって、身体諸器官の成熟とその機能の成長・発達との関連において、つまるところ人格の発達にも影響すると言えます。

　**基本的生活習慣確立のために**　現代の子どもたちの中には基本的生活習慣が身についていない者が少なくない、と多くの調査結果は指摘しています。要するに、幼児期に確立しなければならない習慣が確立しないまま就学し、中学校・高等学校へ進み、大学生になっても怪しい者さえいるのが現実です。具体的に言うと、箸をまともに使えないだけではなく、そのこともあって「犬食い」と呼ばれる極めてぶざまなかっこうで

食べる者や、自律起床ができず、誰かに起こしてもらわないと起きられないという者もいます。

　また、朝の排便の習慣が確立していないために、小学校などでは朝から腹が痛い、気持ちが悪いと保健室へ来る子が後を絶ちませんし、紐が結べないのに紐付きの海水パンツをはいて、いいかげんに結んで水に浸かり、後で解けずに先生の手を煩わす子もいます。

　さらに、顔を洗わずに平気で登園・登校する子がいます。中には、小学校高学年になっても両手で水をすくう動作すら知らない子もいます。両手で水をすくう動作は人間にしかできないことですから、「新種の人間の出現か」と嫌みの一つも言いたくなるのが現実です。

　こうした習慣が自立しないということは、親の養育態度にその最大の問題があると見て間違いありません。親の関心が、何か違った方向に向いている証拠です。わが子は、いわゆる勉強さえできてくれたら、他の事はどうでもよいとか、溺愛や逆に愛情がない、あるいは無関心などといった理由で放任している結果だと言えます。基本的生活習慣のきちんと確立していない子どもで学業成績の良い子などはいないということを、親は気づいていないのです。もし、いるとすれば、臨床的意味を持つ子と言っても過言ではないのです。例えば、寝不足で毎日遅刻しているのに勉強は抜群にできるというような子どもはいないのです。この点、親はしっかり認識してほしいものです。

　基本的生活習慣を自立させるためには、周囲の大人、特に親の協力が必要であると同時に、親が正しい意味でのモデルになることです。この場合の協力とは、余計な手助けをしないで、子どものすることをじっと見守ってやるということです。そして、どうしても子どもが自力で解決できないと思われるとき、適当な指導と援助をしてやるという意味です。

　先にも述べたように、基本的生活習慣とは一つの文化であり、それが自立するということは、自分の国の文化に適応していくことを意味しま

す。すなわち、アメリカの発達心理学者ゲゼル（A. L. Gesell, 1880～1961）の言う「文化適応（acculturation）」ということであり、その子どもが社会人として自立していく第一歩でもあります。現代の青年が自立も自律もできないというのは、こんなところに大きな問題があるとも言えます。

　**子育てをしっかりと**　子育ては、日常生活の最も基本的な事柄についての習慣すなわち基本的生活習慣に関すること、事故や危害などから自分自身を守るなど生命の安全に関すること、そして言葉づかいや礼儀作法とか、社会生活を円滑にしていくためのきまりに関すること、などの内容を含んでいます。したがって子育ては、人間生活の極めて基礎的な行動様式や基本的生活習慣を、子どもに早いうちから身につけさせることを目標としています。

　人間は、人間の子として生まれても、人間社会の文化情報を習得しなければ人間になることはできません。専門的には、人間社会の文化情報を習得する過程を「社会化」といいます。その社会化のうち、特に親から子どもへの働きかけの側面を強調したものを「子育て」と言っています。つまり、親が子どもに働きかけをすることによって、基本的生活習慣であるとか社会生活のマナーを、早い時期に子どもに身につけさせることが大事だと言っているのです。

　子育ての方法には、大きく分けて二つあります。第一の方法は、親が子どもに口で直接言って聞かせて身につけさせる方法です。第二の方法は、子どもが親の生活態度を観察し、それを自分の中に取り込んで身につけていく方法です。心理学ではモデリング（modeling）といいます。現代は、色々な面で親が子どものモデルとして耐えうるかどうかが問われている時代だと言えましょう。

谷田貝公昭

# 基本的生活習慣の発達基準

　基本的生活習慣の発達基準については、山下俊郎（1903〜1982）の調査研究（以下山下調査と呼ぶ）が、1935年〜1936年（昭和10年〜11年）に実施されて以降、1963年（昭和38年）西本脩、1974年（昭和49年）、1986年（昭和61年）および2003年（平成15年）に谷田貝公昭らが追試し検証を行っています。それ以降に基本的生活習慣全体を検証している調査研究は見当たりません。

　16年が経過した2019年（平成31年〜令和元年）、子育てを取りまく環境が大きく変化したことから、谷田貝らは基本的生活習慣に関する調査を実施し、現代幼児の発達基準を明らかにしたいと考えたのです。

　調査を実施するに当たり、山下調査の項目を一つずつ検討し以下のように修正しました。

① 　山下調査の質問項目は、習慣と技術が混在しており、習慣化の視点で統一しました。

② 　現代ではあまり使われない用語は、現代使われているものに替えました。

③ 　「肩のボタンをかけられますか」「靴の留め金を止められますか」等、現代ではあまり見られないようなものは削除しました。

　次頁表1が2019年に調査した現代幼児の基本的生活習慣の自立標準年齢です。この表の通りでなければならないということではなく、あくまで参考です。

表1 基本的生活習慣の自立標準年齢

| 年齢 | 食事の習慣 | 睡眠の習慣 | 排泄の習慣 | 着脱衣の習慣 | 清潔の習慣 |
|---|---|---|---|---|---|
| 1歳0ヶ月 | 自分から食べようとする コップやスプーンを使いたがる コップで自分でのむ いただきますをするようになる 好き嫌いがある | パジャマに着替えて寝る 無燈で寝る | | | 毎日風呂に入る |
| 1歳6ヶ月 | | | | | 外から帰ったら手を洗う |
| 2歳0ヶ月 | コップでこぼさずのむ ごちそうさまをいう | | | 一人で脱ごうとする | |
| 2歳6ヶ月 | 箸のわしづかみがなくなる | | | 一人で着ようとする パンツを自分で脱げる 靴を自分ではける | |
| 3歳0ヶ月 | | | 付き添えば小便ができる | パンツを自分ではける 靴下を自分ではける | 自分で手を洗う 石鹸を使って手を洗う |
| 3歳6ヶ月 | 箸を使いたがる | | 日中のおむつの終了 付き添えば大便ができる 自分で小便ができる | Tシャツを自分で脱げる Tシャツを自分で着られる 衣服の両袖が正しく通せる 帽子を自分でかぶれる | |
| 4歳0ヶ月 | | 自分でパジャマに着替える | 自分で大便ができる 就寝前にトイレに行く | 前ボタンを自分でかけられる 自分で衣服を脱ぐことができる 自分で衣服を着ることができる | |
| 4歳6ヶ月 | スプーンやフォークでこぼさず食べる | 昼寝が不要となる 「おやすみなさい」の挨拶をする | 夢中粗相の消失 | 前ファスナーを自分でほめられる | 汚れた手を自分から洗う |
| 5歳0ヶ月 | いつも箸を使う | 「おはようございます」の挨拶をする | 夜間のおむつの終了 排泄後紙で拭ける | | 自分で歯磨きをする 自分で鼻水を拭く |
| 5歳6ヶ月 | 最後まで一人で食事ができる | | | | |
| 6歳0ヶ月 | | | | | |
| 6歳6ヶ月 | 箸でこぼさずに食べられる 箸を正しく持てる | | 就寝前自分からトイレに行く | | 自分で体を洗う |
| 6歳11ヶ月までに自立しない項目 | 箸やスプーンと茶碗を両手で持って食べる | 添い寝が不要になる 「おはようございます」「おやすみなさい」の挨拶をする | 和式トイレ・洋式トイレのどちらも自分が使える | 袖口のボタンを自分でかける 靴紐などを花結びにする | いわれなくても自分から顔を洗う 毎食後の歯磨き いわれなくても歯を磨く 食事前の手洗い 外から帰ってうがいをする 自分で髪をとかす 一人で風呂に入る 自分で洗髪をする |

**長くなった食事時間** 図1は、食事の所要時間を示したものです。どの年齢においても、山下調査より谷田貝ら調査（2003年）のほうが長くなっています。全年齢の平均所要時間は、山下調査は19.9分、谷田貝ら調査は27.9分でした。

食事時間が長くなった理由としてはさまざまなことが考えられますが、最大のそれはテレビです。要するに「ながら食べ」になっていることが考えられます。幼児の特徴として、一度に一つのことしかできないということを知れば、食事時にテレビをどうするかは自ずと分かるといえましょう。

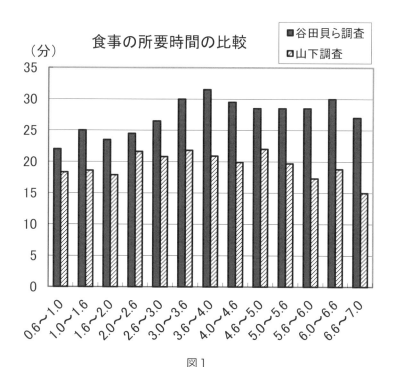

図1

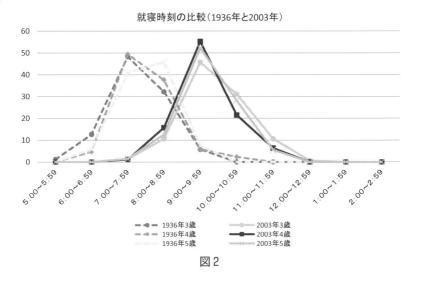

就寝時刻の比較（1936年と2003年）

凡例：
- 1936年3歳
- 1936年4歳
- 1936年5歳
- 2003年3歳
- 2003年4歳
- 2003年5歳

図2

**遅寝になった現代の幼児**　図2は、3歳児、4歳児、5歳児の就寝時刻の比較です。谷田貝ら調査（2003年）では、各年齢とも山下調査より就寝時刻のピークが2時間も遅くなっていることが分かります。山下調査当時は、現代のような24時間営業の店はもちろんテレビなどもなかったので、大人の生活自体が早寝早起きを基本とし、当然子どもも早く寝ていたと考えられます。山下調査では、11時以降に就寝している幼児は皆無であるのに対して、現代の幼児は少数ながら夜中まで起きている子がいます。夜遅くに飲食店で乳幼児を連れた家族がいることからも分かります。山下調査時と生活時間が大きく変化しているのです。乳幼児期は、親のペースで生活するのではなく、彼らのそれで動いて欲しいと思います。

　子どもに子どもらしいダイナミックな生活リズムを刻ませることを考えると、就寝時刻が遅くなっていることは大きな問題があるといわざるを得ません。

表2　睡眠時間の比較（1936年山下調査と2018年谷田貝ら調査）

| | 全睡眠時間 | | 夜間の睡眠時間 | |
|---|---|---|---|---|
| | 2018年 | 1936年 | 2018年 | 1936年 |
| 1歳0か月〜1歳11か月 | 11：40 | 12：19 | 10：20 | 10：53 |
| 2歳0か月〜2歳11か月 | 11：39 | 11：40 | 9：49 | 10：55 |
| 3歳0か月〜3歳11か月 | 10：47 | 11：18 | 9：16 | 10：58 |
| 4歳0か月〜4歳11か月 | 10：31 | 10：55 | 9：37 | 10：52 |
| 5歳0か月〜5歳11か月 | 10：11 | 10：55 | 9：34 | 10：54 |
| 6歳0か月〜6歳11か月 | 10：25 | 10：49 | 9：21 | 10：49 |

**寝不足の現代の幼児**　遅寝になったことで、睡眠時間も変化しています。表2は、夜間の睡眠時間と全睡眠時間の調査結果です。

　山下調査と谷田貝ら調査とを比較すると、全睡眠時間は多くても30分ほどの差しかないことが分かります。ところが夜間の睡眠時間については、どの年齢でも約1時間の差が生じています。ということは、山下調査の1936年と比較して、現代の幼児は不足した睡眠時間を昼寝で補っている様子が見えてきます。

**おむつが取れない**　図3は、おむつ使用について山下調査と谷田貝ら調査（2018年）を比較したものです。これを見ると、山下調査は2歳以降急速におむつ使用児が減少し、4歳以降は0％です。おむつ使用離脱の標準年齢は2歳6ヶ月となっています。しかし、谷田貝ら調査（2018年）においては、2歳6ヶ月の段階ではまだ7割近くの幼児がおむつを使用しています。おむつ使用終期の標準年齢は3歳6ヶ月となっています。つまり、山下調査に比べおむつ離れが1年も遅れています。これは図4から見て取れます。山下調査では、おむつ使用終期のピークは1歳から1歳6ヶ月で、ここまでに全幼児の5割近くがおむつ離れをしています。しかし、谷田貝ら調査では、2歳以降におむつ離れが始まり、4歳まで

図3

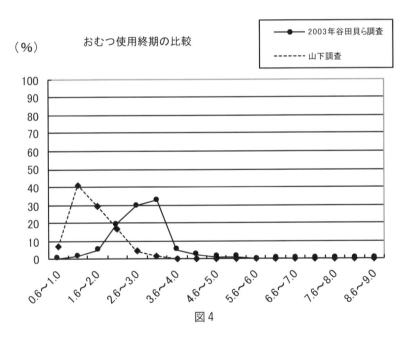

図4

に多くの幼児がおむつ使用の終期を迎えます。

　かつては幼稚園でおむつをしている子は見られませんでした。しかし、現代ではどこの園でも普通に見られます。おむつ使用離れの遅れが常態化していることからも納得できます。

　**紐が結べない**　紐結びについては、山下調査と同じ質問項目での調査は行っていません。しかし、山下調査の「前で花結び」と谷田貝ら調査（2003年）の「靴の紐結び」は状況が似ているので、参考のため比較を試みたものが図5です。谷田貝ら調査のほうがかなりできていないこと

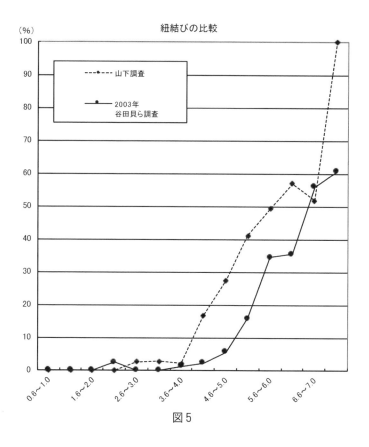

図5

は明らかです。図5参照。

　結ぶという動作は人類が最も古代に開発した建設的技法です。われわれ人間が作るものは何でも2つの動作の組み合わせでできるのです。それは切ることと、くっつけることです。くっつけることで、最初に開発した技法が結ぶという動作です。

　日常生活の中で結ぶ動作は少なくなってしまいましたが、簡単・便利・迅速だけを追わず、就学までに堅結びと花結び（蝶結び、リボン結び）くらいはできるようにしたいものです。　　　　　　　　　　**谷田貝公昭**

# 情緒の安定

　情緒の安定は、子育ての基本です。では情緒の安定とは何を意味するのでしょうか。情緒は本来、喜び・悲しみ、怒りなど、人間の行動を突き動かす感情です。大人の場合でも、喜怒哀楽が表面に出やすい人、表面に出にくい人を見かけます。特に幼児の場合、こうした喜怒哀楽はストレートに表面に現れ、行動の原動力となっていきます。怒りや悲しみの感情よりも、喜びや楽しみの感情が大きければ、それだけ人間は生きがいをもって、前向きに行動することになるでしょう。これは大人も幼児も同じです。

　**喜びや楽しみを多く**　大人と幼児が大きく違う点があります。大人は周りの人間に配慮しつつ、自身の喜怒哀楽をある程度コントロールしていくことができます。ところが、基本的に幼児には、大人のように喜怒哀楽を自分自身でコントロールしていく力はまだありません。むしろ子どもの喜びや楽しみが豊かになるような経験を提供し用意するのは、子育てをする大人の役割です。情緒の安定のためにも、子どもにとって、悲しみや怒りの感情よりも、喜びや楽しみの感情が多くなるように、さまざまな経験を提供する配慮をすることが必要です。

　また喜びや楽しみの感情が多くなることが望ましい理由は、そのような気持ちに満ち溢れる生活であってこそ、子どもは色々な物事を感受性豊かに経験していくことができるからです。

　**信頼関係が基盤**　入園したばかりの子どもの中には、保護者から引き離されて泣いてばかりの子どももいます。そうした情緒不安定な気持ちであっては、望ましい経験など叶うべくもありません。園で過ごすことの楽しみを味わえば、子どもは喜びに満ちた園生活を営むことができるでしょう。もちろんそれは、大好きなお母さんがきっと迎えに来てくれ

るという信頼関係の上に成り立っているものです。情緒の安定の基礎には、大人と子ども、また子ども同士の信頼関係がなければなりません。

　普段の家庭生活の中で、信頼関係はおのずと培われます。生まれたときから、「かわいい子ね」とその存在を喜ばれ、家族が心を込めた言葉を交わし合い、お互いのことを思い、あるときには心配をしながら会話を交わす。そんな日常の家庭生活の中から、情緒の芽生えは育まれていきます。

　園に行っても、保育者と触れ合い、友達とさまざまなことを経験しながら、他者にも色々な思いがあることに気づき、共感できる、情緒豊かな幼児期を過ごすことができるのです。そのためには、子どもはなるべく積極的に人間関係の中に入っていくことが重要です。

　人間関係の関わりが面倒と言われる昨今ですが、それを乳幼児期から放置したのでは、豊かな情緒は育ちようがありません。人間関係を通じて気持ちが通い合う中で、情緒の芽生えは始まります。

　**情緒の安定のために**　近年、情緒が安定している子どもは、就学後も早くから学習面で良い結果を出すと言われています。私たち大人であっても、気分が安定していなければ、コンスタントに良い結果を出せるものではありません。

　叱られたり怒られたりする経験が多くなれば、子どもは情緒を安定させる方向とは逆方向に向かいます。そのためには、親は行き当たりばったりの働きかけではなく、確固とした信念を持ちつつ、いつもやさしさ、親切、思いやり、配慮の心をもつことが大事です。

　そして一番重要なのは、幼児と関わる保護者や教育者自身に心の余裕があること、情緒が安定していることです。親に不安があれば、その気持ちは必ず子どもにも伝わっていき、逆に親の安心は子どもに伝わっていくのです。

大沢　裕

# 社会性を育む

　人間は、他人との共存なしには生きていくことはできません。社会性とは、他の人達と適切に付き合っていく力です。円滑に社会生活を送るためには、人との適切な人間関係を築き、社会の中でのルールを守らなければなりません。自分のしたいことをするだけでは、社会性を身につけることはできません。社会の中では、自分の意志を相手に伝える力、相手の意見や立場を理解し尊重する力も必要です。社会性は、頭の中で完結するものではなく、行動、実践の問題です。

　**人間関係を築く力**　社会の中でうまく生きていくためには、他者と良い人間関係を築いていくことが重要です。幼児の社会性というと、園での友達との関係を思い浮かべる人も多いと思います。社会性は母親や父親などの家族の愛着関係が基盤です。母親や父親やきょうだいを信じることから、社会性が広がっていきます。家族は、子どもが自分を意識する前から周りに存在していますが、園での友達は、家族以外に社会性を構築しなければならない初めての他人といって良いかもしれません。家族関係の中ではスムーズに行われていたことが、園に入ると、突然ギクシャクすることもあります。友達関係を構築していく中で新たな社会性を身につけていくことになります。

　**相手の立場に立つ**　友達と楽しく遊ぶためには、相手のやりたいこと、気持ちを理解し、相手ならどう思うか、考えるか、といった視点をもつことが必要です。いざこざやけんかは、前向きに考えれば、人間関係を育むための良いチャンスになり得ます。

　家庭でも園でも、相手に共感すること、思いやりをもつことが、とても重要です。楽しく遊ぶためには、相手の気持ちや意図を理解し、相手の視点から状況の意味を考える共感性や思いやりが育っていることが必

要になります。

　もちろん危険なことは直ちに制止する必要がありますが、そうではない場合には、見守ることも重要です。トラブルを通じて、友達の思いに気づき、自分の行動を調整することを学びます。そしてやがて自分でトラブルを解決する力を身につけ、どうしたら仲よくできるのかを考えていくきっかけになるのです。けんかをしたらすぐに「やめなさい」と制止しては、かえって社会性は育ちません。子どもたちに考えさせる時間を与えること、いわゆる待つ姿勢が求められます。

　**自分をコントロールする力**　自分の気持ちを抑えてばかりでは、社会性は育ちません。我慢ばかりしている子どもは、一見おとなしくて大人にとっては良い子に見えることも多いですが、それでは、自分のやりたいことを適切に満たすことができなくなります。過度に抑制的な子どもは、望ましい姿とは言えません。

　周りの人を無視した自己主張は、単なるわがままですが、自分の気持ちを適切に表現して自身の欲求を叶えることも重要です。

　一般的に自己主張は、3歳から5歳にかけてどんどん強くなっていき、5歳頃からは安定していく傾向にあります。

　園での集団生活においても、集団の中で自分のやりたいことを我慢したり、友達と仲よくするために相手に合わせたりするよう、保育者から促されます。こうした経験をする中で、子どもは適切に自分の欲求を抑えたり調整したりすることを学んでいきます。子どもは自己主張と自己抑制のバランスをとりながら、自分の行動をコントロールするようになっていきます。

　社会性を育むには、子どもの自己主張を過度に抑制するよりも、自己主張することは認めながらも、時と場合に応じて適切に欲求を調整するよう子どもを促し、働きかけることが極めて大切です。その成功体験が社会性を伸ばします。

大沢　裕

# 知的発達

　知的発達という言葉で、英才教育・早期教育を思い描く人も多いのではないでしょうか。早くから言葉を暗記させたり、思考力を習得させたりすれば、子どもはきっと幸せをつかむ、そう思う子育て中の人は多いのではないかと思います。確かに知的発達は、学力ともつながりますが、学力が全てではありません。重要なのは、子どもが将来、自身の人生を切り開いていくために必要な力の基礎を育てることです。

　**豊富な経験**　知的発達を認識能力の向上と置き換えることもできます。認識能力は、対象を知的に把握することです。それは物事を「真実か、真実ではないか」といった観点から捉える力です。

　知的発達では、大人と同じことが早くできるようになることが素晴らしいと思われがちです。しかし、決してそうではなく、幼児には幼児期にしかできない、培うべき知的な力があるのです。それは他でもない、豊富な経験に裏打ちされた力です。このために必要なのは、机の上でドリルやワークブックをこなすことではなく、むしろ自然や社会の中でさまざまな経験をし、その色々な事象を理解しようとする意欲を培うことです。「これはなんだろう」、「なぜだろう」と不思議に思う好奇心は、子どもの生活の重要な原動力となっていきます。

　**時間の認識と空間の認識**　知的な力としては、時間の認識と空間の認識が代表的なものです。子どもの育ちでは、時間的認識よりも、空間的認識の発達が先行します。時間は目に見えませんが、空間は目で見えるからです。つまり子どもが、五感で把握することから知的な発達は始まるのです。このため子どもにとって、時間の意識は、空間の意識よりも遅れて展開していきます。また子どもの空間の認識の中でも、上下の感覚よりも、右や左の位置を理解するのは後のことです。右や左は、それ

を捉える人の空間的な立ち位置によって、変わっていくものだからです。

**直接体験と間接体験**　子どもはさまざまな知的な力を直接的な経験によって身につけていきます。テレビやインターネットの画像を通した間接的経験と比較したときの直接的経験の重要さ、それは何事にも替えられないものです。例えば、雪に触れたことがない人は、テレビの雪の画面を観ても、その冷たさを想像することはできません。私たちはさまざまな情報を受け取ったとき、自分の直接的な経験を基礎に理解します。直接的な経験が豊富であればあるほど理解は確固としたものになります。

遊びや生活を通じて、子どもは多くのことを知り、考え、感じます。その中で得られた直接的な経験が、いわばその子どもの将来生きる上での知的な力の基盤になるものなのです。

近年、教育でもICT（情報通信技術）の導入が叫ばれています。しかしICTの利用も、直接的な経験を拡張するための手段です。直接的な経験を欠いた間接的な経験は、土台がしっかりとしていない「砂上の楼閣」とでも言うべきものです。

幼児期において、知的発達の要は、よく考え、よく知り、感じる経験を幅広く積み重ねることです。そして疑問・興味のわいたことを自分自身で調べる態度も重要です。物の性質、取り扱い方、接し方、世間の仕組み、物事の法則に気づき、自分なりに考えることができれば、それはとても望ましいことです。「これは何？」「どうしてそうなるの？」こうした言葉は、子どもの知的興味・関心の表れです。

しかし単に興味・関心に赴くままに活動するのでは、興味・関心が著しく偏る可能性もあります。子どもの好きなことを継続することは、大事です。それだけで終わるのではなく、興味の幅も多面的に広げていき、それを実現するための支援は、親をはじめとした大人の役割です。そしてそれが、将来の生活力、そしてまた知的興味、もちろん学力にもつながっていくのです。

大沢　裕

# 言葉の発達

　子育てをする上で、子どもが言葉を発したのがいつか、また子どもの語彙がどれくらい増えたかは、とても気になるところだと思います。実際に、言葉と子どもの発達との関係は非常に密接です。しかし、子どもの言葉は、獲得が早く、話す単語の量が多ければよいというものでありません。

　**コミュニケーションツール**　言葉は、単に記憶や発音の問題ではなく、家族や園の先生たちとの人間関係の中で獲得されるものです。つまり言葉は、自分以外の人々とコミュニケーションをはかるツールなのです。ですから、相手に自分の言いたいことを伝えたり、相手の話すことを理解して言葉を返したりを繰り返し、言葉は育まれていきます。

　もちろん言葉の発達上望ましいことは、自身の言いたいことを的確に表現し、また自分以外の人の言葉を正しく理解し、それに適切に応答することです。それは簡単なことではありません。話したいという相手がいて、話を聞きたいという思いがあり、そうした人間関係の中で、言葉、語彙、そして表現力が高められていくのです。

　**言葉の発達**　言葉には、大きくわけると、話し言葉と書き言葉があります。主に幼児期では話し言葉が育ちのテーマです。乳児は、最初は言葉の意味がわからず、段々と母親の言葉の意味を予感・理解するようになります。子どもの発する言葉は、最初は音、単語、そして二語文と展開していきます。5歳後半になると、書いてある字が自分の名前であることがわかったり、単純なひらがなが読めたりするようになります。

　言葉には意味があり、その音が言いたいことを指し示しています。子どもの発する言葉は、自身の表現です。基本的に言葉は、自身の得た印象の確実な表現です。言葉がしっかり話せるということは、思考力が育っ

ていることでもあります。子どもは、言葉を使って考えるのです。

　たくさんの言葉が子どもの口から出てきたとしても、理解していないものを理解しているかのように語るのであれば、それには注意が必要です。本来、言葉と自身の行動とは、一致・調和しているものです。大人の場合でも「言行一致」という表現があるように、できないことをできるかのように語るのではなく、できないことはできない、と表現することが大切です。

　言葉は単に知的な発達の現れであるだけではなく、その子どもの人柄、人格の表現でもあります。言葉は、感情・情緒・思いの表現です。しかも幼児の言葉には裏表がなく、表現がとてもストレートです。ですから、その子どもがどのように話すかで、その子の育ちの状況もわかってきます。子育てにおいて、言葉は子どもの育ちの重要な試金石です。

　**言葉を育むために**　言葉は強制的に身につけられるものではありません。子どもが話したいと思うこと、また「それって、どう言えばいいの？」と聞いてきたときこそ、言葉を育む重要なチャンスです。

　近年、高度情報化社会となりインターネットの普及で、人と直接関わる機会が減少し、子どものコミュニケーション力も低下しています。言葉が育まれる機会も失われつつあるのです。その機会を提供することが大人の役割です。

　言葉は、やがて大人になったとき、理論的に筋道立てて考えていく思考の手段となります。言葉の成長は、学力とも関係しています。言葉は学力のためだけにあるのではありませんが、子どもが将来、自身の人生を切り開いていくための有効な道具となるのです。

　子どもの発する言葉をできる限り受け止め、言葉の幅を広げていくこと、言葉の音や響き、コミュニケーションの楽しみに気づき、言葉に関心が湧いていくこと、また色々な場面で言葉を発し言葉を理解すること、そうした子どもの意欲を高めていくことを心がけましょう。　　大沢　裕

# 褒め方と叱り方

　子育ての際には場面によって褒めたり叱ったりしますが、褒めること
や叱ることにはどのような効果があるのでしょう。

　**褒めることと叱ることの効果**　「褒めて育てる」ことは現代では、一
般的に好ましい子育て法とされています。褒められることにより、子ど
もは自信を持ったり、褒められたことをさらに良くできるように自ら頑
張ったりと、好ましい行動をとるようになることが多いからです。褒め
ることにより、その行動が良いことだと認識し、さらに好ましい方向に
向かいます。また、自分が認められることで自信を持てる、という効果
も期待できます。

　では叱ることの効果はどうでしょう。叱られることにより間違いを知
り、同じ行動をしないように気をつけるようになる、というように子ど
もの行動を望ましい方向に正す効果があると考えられます。ただし、叱
るより褒める機会がたくさんある方が望ましいのはいうまでもありませ
ん。叱ってばかりだと、叱られることに慣れてしまい効果も薄れます。
何より自信が失われ、積極的に行動ができなくなることもあるので、叱
るばかりにならないように心がけましょう。

　**良い褒め方・悪い褒め方**　どのような時に子どもを褒めているでしょ
うか。幼児期には学校の成績のように明確な数値で表されるものがあり
ません。しかし、幼児期は学習の土台となる頑張る力や工夫する力、他
の人と協力する力などが育っているので、そのような行動について褒め
ることができるとよいでしょう。子どもが頑張っている行動自体を褒め
て、できなくてもそれを否定しないことです。最後までできなくても、
前よりできるようになったこと、成長したことを確認して、次にまた頑
張ろうという意欲を持たせることが効果的です。人に親切にしたり、助

けたりするような行動も、気づいたらすぐその行動を褒めてやってください。悪い褒め方は、他の人と比べて褒めるやり方です。「○○ちゃんより上手」という言葉は、相手を貶める意識を育ててしまいます。また、表面的に褒めたり、おだてたりするのでは、子どもはその言葉を真実と感じなくなります。その子の行動の何が良いことだったのか、言葉と気持ちを添えて褒めてやるのが良いでしょう。特に幼児期はスキンシップをしながら褒めるのも良いです。

**良い叱り方・悪い叱り方**　叱るときに気を付けてほしいのは、腹が立ったから叱る、ということです。大人の気分で叱ることは意味がありません。それは大人が満足するための叱り方です。どうしても叱らなければならないのは、危険に関する行動くらいではないでしょうか。友達のおもちゃを取ったり、友達をたたいてしまったりしたのであれば、危ない行動を止めた後でどうしてそうしたのか子どもの気持ちを聞いてから、間違っていることについて話しましょう。また、失敗したことを責めるのも良くありません。次に挑戦する意欲が無くなってしまうからです。場合によっては二度とやらなくなってしまいます。他の子どもやきょうだいと比べて叱ることも避けましょう。これでは叱っているのではなく、けなしていることになってしまいます。よくある叱り方に、くどくどと説教をする、というのがあります。しかし、大人の話が長いと子どもはそれを聞いて理解することができません。「わかった？」と聞いて「はい」と返事をしても、「何がわかったの？」と聞くと答えられないことが多いのはそのためです。叱るときは、その行動があったその場ですぐ、端的に短く注意する方が子どもは理解できます。言葉だけで「ごめんなさい」をいえることよりも、何が悪かったのかをしっかり理解することの方が大切です。そのためには、問題の行動があった時すぐに、短くわかりやすく話し、怒りの感情を大人がいつまでも引きずらないようにすることを心がけましょう。

髙橋弥生

# 一貫性のあるしつけ

　子どもが育つ時にはさまざまな大人が関わります。その中で特に子どもの育ちに大きく関わる親や祖父母、園の先生は、できるだけ同じ基準で子どもに関わることが望ましいです。子どもの行動について、お父さんは叱らないけれどお母さんは叱る、では子どもはどちらのいうことを聞けばよいかわかりません。それを繰り返していると、相手によって行動を変えるようになり、正しいことは何か分からなくなってしまいます。例えば、お父さんはゲームを何時間やっても叱らないのに、お母さんは30分以上やるとすぐに止めるように叱る、というようなことはないでしょうか。また、おばあちゃんは食事の前にお菓子を食べても叱らないのに両親は絶対にだめだという、などということもあるかもしれません。園では早く寝るように話しているのに、家庭では夜遅くまで起きて親と一緒にテレビを見ている、というようなことも子どもにとっては何が正しいことなのかわからなくなります。このように、子どもに良い習慣を身につけてほしい場合には、関わる大人がみんな同じ考え方を持ち、一貫性のある態度をとることが大切です。

　**日によって変えてはいけない**　幼児期は、その後の生活を支える大切な生活習慣を身につける時期です。睡眠・食事・排泄・着脱衣・清潔の5つの基本的生活習慣も幼児期にきちんと身につけておくことが必要です。この基本的生活習慣をしっかりと習慣化させるためには、毎日同じように繰り返し行うことが重要です。親としては根気のいることですが、そうすることで子どもは迷いなく正しい習慣を修得することができるのです。例えば子どもが自分で着替えをやろうとし始めたときに、大人の都合で着せてしまう日があったり、自分で着なさいと叱る日があったりしては、子どもはどうしてよいかわかりません。食後の歯磨きも、やり

なさいという日と何も言わない日があったり、早く寝なさいと注意する日と何も言わずに遅くまで一緒にテレビを見ている日があったりするようでは、いつまでたっても早寝の習慣が身につきません。子どもは同じことをしているのに、叱られる日と叱られない日があるのではどうしたらいいか困ってしまいます。日によって対応が変わるのは、「イライラしている」「時間がない」といった大人の都合による場合がほとんどです。良い習慣を身につけさせようと思うのであれば、日によって対応を変えないように気をつけましょう。

**SNS の情報に振り回されない**　近年、インターネットで情報を得ることが非常に容易になり、子育てのヒントも SNS などに多数挙がっています。大いに助けられることがある反面、情報量が多すぎてどれが正しいか迷ったり、誤った情報を信じたりすることもあります。子どもの困った行動について検索すると、何らかの回答は得られますが、それが必ずしもわが子に適しているとも限りません。SNS の情報を頼って子育ての方針を二転三転させてしまうほうが、子どもにとっては良くない影響を与えることになります。SNS で得た情報から助けられることもありますが、子育ての方法を変えようと思う時にはうのみにせず、両親で一度相談してみるのが良いでしょう。情報に振り回されてあれこれと試すと、子どもが混乱することがあるので、気をつけましょう。

**園とも連携する**　幼児期の子どもが通う園にはそれぞれ保育方針があります。遊びを中心にしている園や、運動や芸術に力を入れている園もあるでしょう。子どもにとっては園での生活も家庭での生活と同じくらい大きな影響を与えます。そのため、園の方針と家庭の方針に大きな差があると、子どもは園で伸び伸びと活動できなくなってしまうことがあります。親は園の方針を知り、園と連携しながら一緒に子どもを育てるために協力することが大切です。わからないことは遠慮なく相談し、共通の理解ができるようにしましょう。

髙橋弥生

# 自主性を育てる

　わが子を「自主性のある子ども」に育てたいと、ほとんどの親は考えていると思います。子どもの自主性は、赤ちゃんの頃から芽生えています。生後数ヶ月で、周りの大人を呼ぶように泣いたり、抱っこを催促したりするのは自主性が出現してきているからです。このように自分の気持ちを表してきたことに対して、身近にいる大人がそれをきちんと受け止めて、その気持ちにこたえてやることで、気持ちを表現してよいのだと理解し、安心して感情を表すことができるようになります。2歳頃になるとさらに感情は複雑になり、恐れや不安でも泣くようになりますし、くやしくて泣くようにもなります。特に初めてのことは不安を感じ「やりたくない」という態度を示すこともあります。これは自主性がないのではなく、やりたくないという自主性を示しているのですから、その気持ちに寄り添って不安を解消することで次のステップに進めることになります。友達におもちゃを取られても取り返さない子がいますが、その子の発達段階によって、何が起きているのかわからない場合もあれば、取り返すのは悪いことのように思っている場合もあります。親のそばから離れようとせず、友達と遊ぼうとしない子もいます。それは親から離れるのがまだ不安だからです。決して自主性がないのではありません。体の成長のように目には見えませんが、心も徐々に成長していきます。まずは子どもが気持ちを表していることを考え、その子の成長を信じて、その時の気持ちを受け止めてやることが、自主性を育てるための大切な関わりになるのです。

　**話を聞く、認める**　3歳頃になり会話ができるようになると、自己主張もするようになります。時には面倒な主張をすることもあります。大人のように理論立てて話すことはまだできないので、よくわからない主

張をすることもあります。そのようなときの子どもの話も、きちんと聞く姿勢をもって聞いてやりましょう。適当に受け流していると「自分の話は聞いてもらえない」と感じてしまい、ほかの場面でも自分から意見を言うことをためらってしまうようになります。4歳以降は語彙も増えて、うるさいくらいにしゃべるようになるものです。忙しい時に話を聞くのは面倒に感じるかもしれませんが、できる限り話を聞き、話したい気持ちを認めてやるようにしてください。子どもは親とは別の人格を持った一人の人間です。親の思い通りにしようとすることは、自主性をつぶすことになってしまいます。そのように育てると、途中までは親の思い通りに動きますが、いざ自分で考えなければならなくなった時に、自分の考えがないわけですから答えが出せなくなってしまう恐れがあります。例えば、親は乱暴な遊びをする子とは一緒に遊んでほしくないと思っているのに、子どもはその子と遊びたがることがあります。それはわが子がその子との遊びに魅力を感じており、一緒に遊びたいと思っているからです。親が「あの子とは遊んではダメ」といってしまっては、子どもの自主性は消えてしまい、友達作りができなくなります。どんな遊びをするのか聞いて、危ない遊びをするとみんながけがをしてしまうことを伝え、一緒に安全に遊べるように導いてやるほうが良いでしょう。

**わがままとの違い** 気をつけたいのは、自主性とわがままを取り違えないようにすることです。どんな場面でも自分の意見を表明できることは自主性ですが、何が何でも意見を通そうとするのはわがままです。わがままには、なぜそれがいけないのか伝えてやり、子どもの言いなりになる必要はありません。わがままを主体性と取り違えて認めてしまうと、自分の思い通りにいかないとすねたり、怒ったりして主張を通すようになってしまいます。小学校に入る頃には、ほかの人の意見を聞きながら自分の意見も調整できるようになってくるものです。

髙橋弥生

# 子どもとともに育つ

　どんなに科学が進歩しても、子育てはマニュアル化できないものの一つだと思います。大人は誰しも子どもであった経験があるにも関わらず、子どものすべてを理解することはできません。というのも、一人として同じ子どもが存在しないからです。たとえ自分の子どもであっても全く違う人格ですし、育つ環境や時代背景も違うので、親を育ててくれた祖父母であっても同じように育てることはできないのです。子育てのマニュアルはないのですが、子どもの発達についてはさまざまな研究がなされており、明らかになっていることがたくさんあります。体の発達、習慣の発達、心の発達、運動の発達など、目安となる発達の年齢や順序がありますので、これについては参考にしながらわが子の状態を確認することができるでしょう。ただし、一般的な発達段階はあくまで目安ですので、すべてがわが子に当てはまるわけではありません。特に、この年齢ではこれができる、というものには個人差があるので、少しの差を気にしないようにしましょう。子育てのマニュアルのような本もありますが、その通りにはいかないということを理解しながら、当てはまるところだけを参考にして読んだ方がよさそうです。

　**子どもから学ぼう**　子育てのヒントは、子ども自身が示してくれている場合がたくさんあります。例えばおむつを外すとき、子どもの心と体の機能が整うことが必要ですが、まずは子どもの排尿間隔が長くなってくることが大切になります。おむつを替える時に濡れていないことが増えてくれば、排尿間隔が長くなっているというサインです。このように、子どもが次の段階に進むヒントを示してくれるのです。子どもが何に興味を持っているかも、子どもの様子を気にしていると見えてくることがたくさんあります。幼児期は言葉での表現が十分にできないため、何も

わかっていないようにとらえがちですが、実は日々たくさんのことを身につけていますし、色々と感じて考えています。この時期の子どもの存在を尊重し、子どもから学ぶ気持ちをもって関わると良いのではないでしょうか。また、子どもは自分の学んだことを素直に行動するので、時折大人の間違いやずるさを指摘することもあります。そんな時には、大人が間違いを認めて子どもの指摘を尊重することも必要でしょう。そのような気持ちでいると、子どもから新しいことを色々と教えてもらえるはずです。子どもは親から学び、親も子どもから学ぶ、という姿勢を大切にしてください。

**寄り道も大切**　子育てにマニュアルはない、と最初に書きましたが、マニュアルがないので何が成功で、こうなったら失敗、という基準もありません。思ったように子どもが育っていかないときに「子育てに失敗した」と感じる人も多いと思います。しかし、子どもはまだ成長の途中ですので、何も答えは出ていないのです。失敗した、と親が考えるということは、子どもは失敗作というレッテルを貼られてしまうことになります。これは子どもにとっても親にとっても非常に不幸なことです。子育ては一本道ではありませんし、同じ速度で進むわけではありません。たくさんの寄り道や脇道がありますし、立ち止まって動かない時もあります。思うようにならない時は、寄り道していると考えてみるとよいでしょう。たくさんの道を経験した方が、人間としての成長にとっては望ましいのです。また、親が描く成功が必ずしも子どもの幸せとは限りません。子どもの興味や関心を豊かに育てるつもりで、たくさんの寄り道を親も一緒に歩きながら親子で一緒に育ちましょう。また、子育ては一人ではできません。家族みんなで一緒に育つ気持ちも大切です。家族の一人だけで子どもを育てていては、子育ての負担が大きくなります。家族みんなで同じように寄り道を楽しみ、家族が同じ気持ちでいられるようにしたいものです。

高橋弥生

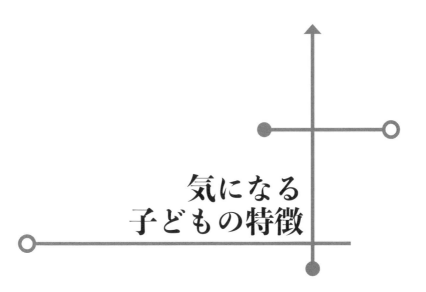

# 気になる
# 子どもの特徴

# 泣き虫

　子どもの感じやすさには個人差があります。ちょっとしたことで泣いてしまう、感じやすい性格の子もいれば、心の動きが表れにくいタイプの子もいます。もって生まれた性格ですから、どちらがよい・悪い、というものではありません。

　**泣き虫＝弱さではない**　いまだに男の子はとくに「すぐ泣くものではない」と言われがちですが、男の子でも女の子でも「泣かないようになりなさい」とやみくもに指導することはよくありません。しかし、心の動きが「泣き」で出やすい子どもは、泣くことで心の働きを一時停止させてしまうことがあります。泣くことは体力を使いますし、子どもによっては「泣いていれば誰かがなんとかしてくれる」という依存意識も高まってくるものです。

　**思いを伝えられるか**　泣きながらでも自分の思いをしっかり伝えられるか、自分で考えて、次の行動をとろうとしているか、しっかりと見てやってください。パニック泣きになりやすい子どもの場合は、特に感じやすい心をもっています。子どもがどのようなことに対して感情を高ぶらせているのか、周りの大人の見極めと対応があることで、変化が生まれると思います。

　**周りとの関係を見守る**　子ども同士の関わりでも、泣くことが友達からどのように受け止められているか見守ってやる必要があります。子ども達の反応は周りの大人の反応を映す鏡です。大人の関わり方が、泣き虫の子どもを仲間外れにしない・甘やかさない関わり方を、子ども達に教える機会にもなるでしょう。

　泣きながらでも少しずつ自力で前に進める経験を積み重ねることで、その子のやさしく強い心を育てることができるのです。　　　　　　藤田寿伸

# 恐怖心が強い

　用心深さは、生き物が生きるために伸ばしてきた能力の一つです。同時に、冒険する心もまた、よりよく生きるための能力なのです。

　**恐怖心の悪いところ・良いところ**　恐怖心が強い、怖がりの子どもは、良い面を見れば「用心深い」性格をもっていると言えます。悪い面から見ると、「挑戦できず足踏みしやすい性格」といえるでしょう。

　**成功と好奇心が心を強くする**　経験したことがないから怖い、と感じてしまう子どもの場合、挑戦のハードルを低くして少しずつ成功の経験を積み重ねてやることが大事です。「初めは怖かったけれど、やってみたらできた！」という成功体験が不安を乗り越えて未知への挑戦に向かう心の強さを育てます。

　挑戦が子どもにとって興味のあること、本当にやってみたいことであれば、好奇心が恐怖心を和らげてくれるでしょう。子どもが「やってみたい」と思えることに挑戦できる機会を増やしてやりましょう。

　「失敗したらどうしよう」という考え方をする子どもには、失敗を許してやる大人の見守りが必要です。本当はできるのに、失敗のプレッシャーで挑戦できない子どもは不幸だと思います。前向きに挑戦して、失敗したらやり直してやりとげることが「成長する」ということではないでしょうか。

　**ハッピーエンドの話をしてやる**　想像力が豊かすぎて怖がりな子どもの場合は、ハッピーエンドの話をたくさん聞かせてやってください。物語は子どもに心の経験を与えてくれます。

　子どもが恐怖心を克服するには、安心できる環境、見守ってくれる人の存在が欠かせません。何かあっても大丈夫、見守られているという実感が、子どもの心の育ちを支えるのです。

藤田寿伸

# ぐずぐずする

　物事には、できるまで待てることと、すぐにやらなければいけないことがありますが、子どもには「やること」と「その結果」の見通しがよくわかっていない場合があります。

　**ぐずぐずの理由を見抜く**　ぐずぐずする場面には、状況ごとにいくつかの理由が考えられます。気が散りやすく、ほかのことに注意が向いてしまうために行動が先に進まない場合、物事を行うスピードや手順にその子なりのこだわりがある場合、やらなければいけないことが嫌なことである場合、あえて大人の注意を引きたい場合など、同じ「ぐずぐず」にも違った理由があるのです。その時々の「ぐずぐず」の理由が見つかると、手が打ちやすくなります。

　**自分ごとにする工夫**　気が散りやすい子どもには、目の前のことに集中しやすい場面作りが効果的でしょうし、自分のペースにこだわりがある子どもにはその子に必要な時間を用意してやることが一番です。やりたくないことに向かい合う子どもや、気を引きたい子には、やるべきことが「やらされること＝よそごと」ではなく「自分ごと」になるような働きかけができれば、彼らの「ぐずぐずしたい気持ち」が変わってくると思います。

　**大人にも子どもにも思いがある**　「早くしなさい」と言わないお母さんはいない、と言われています。親として子どものためにやってやること、やらなければならないことは終わりがありません。「親の心、子知らず」とも言えますが、自分が子どもの頃「早くしなさい」と言われた場面を思い出してみてください。子どもなりの思いや見通しがあることを踏まえながら大人として向かい合うことで、きっとそれぞれ「ぐずぐず」に答えが見つかることでしょう。

藤田寿伸

# 劣等感が強い

「自分なんてダメだ」「努力しても認めてもらえない」という気持ちから抜け出せず、自信を失い、友達やきょうだいより劣っているという思いが強くなっていき、劣等感を強く感じるようになります。

**劣等感は悪くない** 劣等感を抱くことは、決して悪いことではありません。人間は、人との関係性の中に生きています。自分と他者を比較することは当然のことです。そこで、大切なことは、人から愛されているという実感があることです。だからこそ、人を信頼し、人の良さを感じ劣等感を乗り越えられるのです。

**子どもの持つ価値を認めて** 「這えば立て立てば歩めの親心」子どもの成長に伴い早くできるようにとか、他の子より優秀になってほしいと過剰に思い比較することは子どもの自尊心を傷つけることになります。わが子が他の子どもより優れている点もあれば、逆にわが子が劣っている点もあります。子どもが仲間と共感し合い、育ち合う環境を大事にすることが大切です。わが子が自分の仲間より劣っていると感じているときは「仲間の良いところ見つけられていい子だね。お母さんも嬉しいわ」と子どもの持つ価値を認めて、自己肯定感が育つよう支えていくことは親の大切な役割の一つです。

**親子共に劣等感から脱却する** 子ども自身が自己肯定感を感じるにはスキンシップとコミュニケーションが要です。抱きしめる・挨拶を交わし合う・子どもの話をよく聞く・具体的に認める・小さな手伝いをさせる、などしながら、家族の一員として認められているという体験を積み重ねます。日常の色々な場面で「できた」という事実を積み重ねていき、達成感を親子ともに存分に味わいながら、劣等感から脱却して自信を育てていきましょう。

長瀬恭子

# 依頼心が強い

　「これやって」「どれでもいい」自分の意思が薄く、自ら考え行動できず、用件を他者へ頼む状態が長期にわたり継続されている姿は、依頼心が強いと考えられます。依頼心が強いということは、自我の確立、自立を阻止することにつながります。

　**依存心と依頼心**　依存心とは、人を信頼することです。保護者を信頼し、ありのままの自分を受容してもらい愛されている感覚を覚えます。その基本的信頼関係を基盤に反抗を繰り返し、価値観や道徳観、倫理観といった人生観を学び自己確立し自立の道を歩みます。依頼心とは、自立心がないことを言います。基本的信頼関係が構築されておらず、人生観を学べず自己確立がしにくく、自信がなく、自分への信頼感が作れず、不安定な状態になります。

　**自己決定の体験を重ねる**　「自分はかけがえのない存在だ」と感じ自分の感じ方や考え方、表現の方法などを尊重される喜びの体験を積むことが重要です。生活の中で、自ら選択できる経験、問いを持つ経験を子ども自身が積めるよう、親子のふれあい、温かい言葉を育む家庭環境を工夫することが鍵となります。

　**自己決定する心地よさから自立へ**　「今日は、この卵であなたの食べたいものを何でも作ってあげるわ」生卵・目玉焼き・ゆで卵・卵焼き・ホットケーキ……子どもが自分の体験から自分で選び導き出し、自ら応えることが嬉しくなる問いを用意してやりましょう。「どうしてそう思うの？」子どもの気持ちを聞いてやりましょう。子どもは信頼できる大人との対話の経験を通して、自分に対する誠実な関心を感じ、安心します。自身が考え自己内対話を繰り返しながら、心の底から他者への気持ちにも耳を傾け社会へ向けて扉をひらいていくことでしょう。**長瀬恭子**

# だらしがない

　使った物を片づけられない、時間にルーズ、忘れ物や紛失物が多いなど「だらしがない」と感じられる行動の原因はさまざまです。例えば、本人にとって必然性・必要性がない、技術が伴わない、不注意で次々に気が移る、見通しがもてない、行動に移すエネルギーに変えるのに時間がかかるなどが考えられます。

　**シンプルにわかりやすく**　周囲の大人、特に親が口うるさくガミガミと言葉を浴びせても、全く効果はありません。それどころか、子どもの意欲が失われ親子関係が悪化する状態に陥りやすいのです。重要なことは、何を、どのようにどの程度行動するかをスモールステップでシンプルに伝えることです。その上で、周囲の大人が一緒に行い、やり方、方法、コツを楽しく伝えましょう。やがて子どもが自分一人でできるような手助けをすることが重要です。

　**一緒にやりながら一緒に繰り返す**　次から次へ玩具を出しエネルギー全開で遊び切った後の子どもにとって、片づける行為は、甚だ面倒な行為です。「早く片づけなさい」と繰り返すよりも「よく遊んだわね、さあ、一緒に片づけよう」「△△ちゃんブルドーザーさん、おもちゃを集めるのをよろしくお願いします」など温かく楽しいコミュニケーションをとりながら親も一緒に片づけます。また、片づけのおしまいは子どもにさせてやりましょう。自分でできたという、小さな成功体験が意欲につながります。また、使った物を元に戻す場所を写真や文字で明確にすることも、子どもが片づけを覚える手立てになります。

　**目に見えるようにして教える**　視覚的に目で見えるよう、何をするかスケジュールをわかりやすく写真やイラストを用いて表示することで、自分の行動に見通しをもつ手がかりや確認になります。　　　　　　　　長瀬恭子

# 根気がない（飽きっぽい）

　根気がない（飽きっぽい）症状の理由は、脳の問題や生活習慣の乱れによる情緒不安、愛着の希薄からの不安な状態などが考えられます。信頼される大人、特に親との関係を基盤に子ども自身が主体的に物事に心を寄せ落ち着いた行動をとれるようにすることが必要です。

　**短所は長所**　根気がない（飽きっぽい）ということを短所と捉えず、逆に好奇心旺盛、執着しない、流行に敏感、切り替えが早い、あきらめが良い、など子どものありのままを受け入れ長所として捉えることから始めましょう。子どもがどんなことに興味をもっているか、好きなことを見つけて始めた時には、親が一緒に楽しさを共感することが重要です。「ボク・ワタシの好きなことを大切にしてくれる」はそのまま「自分が大切にされている」実感となり、自分の自信につながります。

　**好きこそものの上手なれ**　体を動かすことが好き、絵を描くことが好き、歌うのが好きなどその子の好きなことを親が一緒に共感することが継続につながります。「良い声で歌うね。感動したわ」「一緒に走ると気持ち良いね」「頑張って練習しているね。感心するよ」等、温かい言葉での伝え合いが子どもの根気を支えます。嬉しい、面白いから繰り返す、繰り返すから新たな発見や驚きの感覚をもち、やがて継続する時間が増えてきます。その中で、小さな困難に出会っても乗り越える力（レジリエンス）を育んでいきます。

　**大事なことには時間がかかる**　根気のない子を、根気強い子に育むには、親、大人の根気が必要です。できて当たり前のこと、できることを温かい言葉でわかりやすく認めて褒めていくことです。「お手伝いご苦労さま。やさしいね、ありがとう」「頑張り屋さんだね」等、誠実な言葉かけは子どもの心に知性と意欲を育てていくでしょう。　　　　**長瀬恭子**

# 引っ込み思案

　自分から人に話しかけたり、消極的で行動を起こしたりできない、「どうして挨拶できないのかしら」「もっと積極的になってほしい」などやきもきする親も少なくありません。しかし、見方を変えると、控えめで、奥ゆかしく、思慮深い、自意識が高いと捉えることもできます。子どもの状態を否定せず肯定することから子どもと関わりましょう。

　**困っているその子の気持ちに寄り添う**　自信のない子どもは依頼心や警戒心が強いことが多いです。自信がないから初めての場・初めての人・初めてすることなどにのびのびとできないのです。じっくり、ゆっくり子どもを見守りながら彼らを信じて関わりましょう。本人もやりたい気持ちはあるもののできない気持ちなどの狭間で困っているのです。「どうしてやらないの」と責めずに「やってもいいし、やらなくてもいいよ」「よく見ていたね」と葛藤している心を受け止め、挑戦しようとする根っこがあることを大切に、チャンスを待つことも必要です。

　**自信をもたせる**　家庭の中で、さまざまな手伝いをする機会を作ることはとても効果的です。例えば、花を一輪生けるにもさまざまな機能と感覚を総動員することになります。花屋で花を自分で選ぶ、花瓶に水はどの程度入れるか、花の茎の長さ、花の向き、どこに飾るか、毎日水を替える、家族の一員の中で自分が自分らしく伸びやかに振る舞うことに喜びを感じ、他の人と比べず自分を肯定できるようになります。親は、子どもの行為を褒めたり励ましたりしながら、自己有能感が育つよう支えましょう。

　**自己発揮できる経験を積む**　不安を受容してもらうと、子どもは気持ちが安定し心にゆとりが出てきます。すると周囲の人・事・物へ興味関心を広げ心も体も動かし自己発揮するようになります。　　　　　**長瀬恭子**

# 母親から離れられない

　母親と離れることに対して、不安を感じる状態を「母子分離不安」といいます。入園時や小学校入学時など多くの子どもが不安を感じます。しかし、その中に不安が強く、長期化したり、不安が過剰になったり、身体的・精神的症状を引き起こす子どもには特別な配慮が必要です。

　**母子分離と母子分離不安**　赤ちゃんにとって、最も安心感を与える存在は母親です。子どもが親の愛情を感じ安心し信頼していると園、小学校へ通うようになって、毎日数時間、親と離れても「自分は愛されているから大丈夫」と安心感を持ち過ごすことができます。しかし、母親から離れられない状態が強いというのは、愛着関係が希薄である・家庭内の事情・子ども自身が適応できず不安や混乱を生じているなどの原因が考えられます。

　**小さな母子分離のすすめ方**　本格的に園生活が始まる前に、家庭の中で離れる時には、「トイレにいってくるね」「ただいま、待っててくれてありがとう」「楽しそうに遊んでいるね」と言うように言葉をかけて安心感を与えましょう。

　「お母さんは必ず戻ってくる」「お母さんは見てくれている」と理解できれば、離れることに抵抗が少なくなります。

　**母子分離不安を受け止める**　母子分離不安にはさまざまな原因が考えられます。子どもの身体・精神的にいつもと違うと感じるときは、不安や心配を子どもが伝えられるよう環境をつくりましょう。親子で過ごす時間を作る、スキンシップを増やし手をつなぐ、一緒にお風呂に入り寝る、子どもの好きなことや好きな遊び、勉強を一緒にするなど子どもをまるごと受容することが必要です。改善が見られない場合は、心理カウンセラーなど専門機関に相談することも大切です。

長瀬恭子

# 聞き分けがない

「やだ！」「我慢できない！」自分の存在を認めてほしいと、自己主張するのは子どもの成長にとって重要です。しかし、自分の思いを強く押し通そうとしたり、時にはだだをこねて親や大人を困らせたり、自分の心のコントロールができず混乱したり、友達との関係の中で折合いができず仲間関係が構築できないなどといった弊害も生じます。なにより、本人はそのことにストレスを抱え、自分への嫌悪感を育ててしまうこともあります。

**「ダメ」で教えず、「ノー」を教える**　「あれがほしい！」「これじゃないとやだ」と子どもは信頼する大人、ことに親には容赦なく自分の欲求や思いを全身全霊でぶつけてきます。それは子どもの成長の印です。そのときこそが親の出番です。「そんなのダメでしょ！」「そんなことしちゃダメでしょ！」と感情的に頭ごなしに叱っていては、子どもの心に届きません。その場しのぎの曖昧な対応や、できない約束、一貫性のない関わりは子どもの心を不安にさせ迷走させます。単にダメというのではなく、「そうね、それがほしいね……でもね」と子どもの気持ちは受け止めつつ、やさしく・はっきり・すっきり・わかりやすくノーを伝えていくことが大切です。

**聞き上手な親・大人になる**　子どもに「聞き分ける」態度を育むコツは、親や大人が聞き上手になることです。子どもが話してきたことを繰り返し反復する「○○はそう思ったんだね」「悲しい気持ちだったんだね」というように、子どもの視点に立って話を聞く姿勢が大事です。

**自己肯定感を育てる**　親や保護者は子どもと一緒に喜び、感謝する姿勢を大事にしましょう。「自分の話を聞いてもらえた」「わかってくれた」「大切にされている」という実感を繰り返し体験することで、子どもは心の深いところに、安心と自己肯定感が育ちます。

長瀬恭子

# 攻撃的

　大人から見て「攻撃的」「乱暴」と見える行動が、2歳児以降しばしば見られることがあります。例えば、大声を出したり、すぐに泣きわめいたり、親やきょうだい、周囲の子どもをたたいてしまったり、というような行動です。2〜3歳の子どもは、「自我の芽生え」の時期と言われています。つまり、「他の誰かとは違う、自分だけの思い・気持ち」を抱き、それをはっきりと感じるようになる時期です。しかし、2〜3歳の子どもは、まだ、言葉を文章の形にして、周囲の人間に伝えることが苦手です。そのため、自分の中の溢れそうな思いが周囲に伝わらず、「なんでわかってくれないの?」という不満・不安が募り、それが「攻撃的」な行動となって表れているのかもしれません。

　**伝えられない苛立ち**　自分の中の、確固とした思いが伝えられない、感じ取ってもらえない焦りとイライラを、そういう振る舞いで表現しているのです。ただ、3歳前後の子どもは「語彙爆発」期とも言われるほど、言葉の力を急速に伸ばしていきますから、幼児期特有の「攻撃」「乱暴」は、成長と共に少しずつ落ち着いていきます。ですから、「いっときのものなのだ」と長い目で見守る姿勢も、大人には必要でしょう。

　**きつく叱るのはマイナス**　「攻撃的」「乱暴」な行動だけを責めて、きつく叱ることは、子どもに、自分の意志を持つこと、それを人に伝えようとすること自体を否定されているように感じさせるマイナスの効果をもちかねません。子どもの「攻撃」「乱暴」に対しては、とりあえず子どもの興奮を落ち着けるよう穏やかに接しながらも、言葉を投げかけていきましょう。イライラした気持ちを受けとめつつ、その子どもの気持ちに言葉をのせて子どもに投げ返していくのです。その積み重ねが、子どもの言葉による伝えを伸ばしていきます。

吉田直哉

# すぐひねくれる

「ひねくれる」という状態は素直でなくなったり反抗的な態度をとったりするときに使われることが多いですが、子どもにとっては大好きな家族に素直な感情を伝えたい一心での行動でしょう。それに対して叱ることは容易ですが、積み重なった不安や不満が原因だとしたら、大人が叱って一時的に状態が収まっても解決にはなりません。

**行動の理由を探る**　過保護・過干渉が原因の場合は親に依存して自立しづらく、否定されるばかりでは自信喪失して「どうせ……」などあきらめの言葉が増えます。「ひねくれる」のは承認欲求が満たされていないことがありますから、子どもの些細な行動も見逃さず肯定的な言葉をかけて褒め、子どもが安心できる環境を作ってみましょう。

**大人が自身の行動を振り返る**　頑張り過ぎてゆとりがなくなり気持ちをぶつけてしまうことは大人にもあります。そのようなときは深呼吸をして自身の行動を振り返りましょう。自分の姿を子どもが真似して嫌なときもありますが、子どもの気持ちが飽和状態を超えて自分で解決できないとき、状況緩和の契機をつくれるのは大人しかいないのです。

**誰にでもみられる発達過程**　愛着は十分ですか。愛着形成によって信頼関係が築かれると子どもの気持ちが安定します。言葉の発達が十分でないときは自分の気持ちを伝えづらいために「ひねくれる」言動がみられる場合があるので、気持ちを代弁することが大切です。言葉を覚えて会話が増えると「少し待って、これが終わったらお話しようね」など伝えることで、待っていれば必ずスキンシップの時間がくると安心でき、気持ちが落ち着くようです。「ひねくれる」のは愛着を求めている証、発達過程に大事な時期だと考えましょう。大人が気づいてくれたと感じたら、子どもの心は穏やかに変わっていくはずです。

大賀恵子

# やきもちやき

　やきもちやきとは、自分の好きな大人の好意や意識が他の人に向けられ、自分への愛情に対する不安や相手への欲求を募らせることによって芽生える子どもの感情です。

　**やきもちをやく理由**　弟や妹の誕生によって、親の愛情を独り占めできなくなると、子どもは自分に向けられていた関心が失われたと感じ、自分よりも注目を集めている弟妹に嫉妬してしまうことがあります。また、寂しい思いをしたり我慢したりすることが増えてきてストレスがたまると、反抗的で不機嫌になったり泣きすがったり、一人できるようになっていたことを「できない」と言ってきたりするなど、さまざまな行為で、親の関心を取り戻そうとします。やきもちは子どもの純粋な感情表現です。大好きな大人が一緒にいてくれて、自分のことを大事に思ってくれていることが分かれば、子どものやきもちは減っていくでしょう。

　**子どもの気持ちを理解する**　子どもがくっついてきて離れないときにはスキンシップを図り、また、着替えや食事など、一人でできることを手伝ってほしいと言ってきたときには可能な限り手伝ったりして、子どもの要求に応えましょう。下の子どもが昼寝をしている時間などを活用して、親子2人で過ごす時間をつくることも大切です。そうした時間に、子どもの好きなことで一緒に遊んだり、十分にスキンシップを図ったりして、言葉でも態度でも愛情をしっかりと伝えていくとよいでしょう。

　**弟妹の世話を一緒に行う**　子どもの気持ちを理解した上で、兄弟姉妹の役割があることやその大切さに気づかせることも必要です。簡単な弟妹への世話を手伝ってもらったり、その方法を親子で一緒に考えたりしていくと、子どもは小さい子には世話が必要であることを理解し、兄姉になった自覚をもつようになります。

小尾麻希子

# いたずら好き

　子どもは成長とともに色々なことに興味をもち始め、好奇心から大人が考えもつかないようないたずらをすることがあります。

　**子どもにとっていたずらの意味**　たとえば、ティッシュペーパーを何枚も引っ張り出したり、破ったり撒いたりすることを繰り返し楽しむ子どもの姿がよく見受けられます。これは、子どもが成長していくなかで視野を広げ、目で捉えたものに興味をもち、触ってみたくなるという、好奇心に基づいた探索活動として意味あるものです。いたずらと捉えられる行為も、子どもの成長発達にとっては意味あるものとなるため、危険なことや人に迷惑をかけることでない場合は、無理やり止めるのではなく、思う存分できるように見守りましょう。ただし、子どもの遊び方は、急に危険な遊び方に変化していくこともあることから、子どもから目を離さず、しっかりと見守ることが必要です。

　**いたずらへの対応**　危険性のある行為や人に迷惑をかける行為については、してはいけない理由を子どもに分かるように具体的に伝えましょう。その上で、子どもの欲求が満たされるような他の遊び方を提案していくことも効果的です。このように大人が働きかけても、同じことを繰り返してしまう場合においても、してはいけない理由を根気強く子どもに伝えていくようにします。タイミングを捉えた大人からの働きかけは子どもの心に響き、大人から言われたことと子ども自身の考え方が一致するときがいずれくるようになります。

　**片づけも遊びの一環として**　思う存分遊んだ後には、親子で一緒に楽しく片づけるようにします。片づけも遊びの一環とすることで、子どもは興味をもって行った行為には片づけが含まれることを理解するようになり、片づけの習慣も身につくようになります。

小尾麻希子

# うそをつく

　子どものうそにどのように対応すべきか、悩むことが多いのではないでしょうか。うそは悪いことと思いがちですが、コミュニケーションの力が育ってきた証ともいえます。

　**うそつきは泥棒のはじまり？**　一般的にうそをつくことはよくないこととされています。しかし、子どものうそには、事実と違うとわかっていてつくうそと、わかっていないでつくうそがあります。小さい頃は現実と空想の区別がつかないことから、うそをついたということがあります。このような場合は放っておいても大丈夫です。

　**うそは人と関わる力がついてきた証**　意図的にうそをつくことができるようになるのは5歳頃といわれています。これは自分以外の人の気持ちを知ろうとするのが4、5歳以降だからです。他の人の思いがわかるようになるため意図的なうそもつけるということです。小学生になると相手を傷つけないようにつくうそもみられます。例えば、自分が欲しくないものをもらったときでもありがとうといったり嬉しそうに振る舞ったりするのはこの例です。つまり、子どものうそは人間関係をよりよく保っていこうとするときに使われることもあります。一方、人のお金をとってごまかすなどの場合は、うそとわかっていることを毅然とした態度で伝えましょう。

　**うその背景にあるメッセージを探す**　うそをつくのは、叱られるような場面で自分の身を守ろうとする時や親の気を引こうとする時などさまざまですが、子どもなりの何かしらの理由があることがほとんどです。頭ごなしに否定したり叱ったりせず、子どもの話を聞いた上でうそをつく必要があるのはなぜだろう、何を伝えたいのだろうとイメージして気持ちを理解しようとすることが大事になります。

瀧口　綾

# 性的興味が強い

　性的興味や好奇心のあらわれは、子どもの成長の過程で自然なことです。叱ったりせず、自分と他人との違いや自分も他人も大事にできることを伝えていきましょう。

　**性的興味の芽生え**　子どもは２歳頃から体への関心が芽生え始めます。お父さんやお母さんと一緒にお風呂に入り、おしっこをする方法の違いから、自然に体の違いに関心をもち始めるとともに自分や他の人の性器が気になりだします。おちんちんやうんち、おしっこなどといっては相手の反応をみて嬉しそうに笑ったりすることもあります。この時期は反応を楽しむ時期です。周りが反応すると面白がってますますいうようになりますが、あまり反応せずたんたんと話すと飽きておさまります。３、４歳以降、性的な興味や好奇心を持ち始めます。手や道具を使って自分の性器を触って快感を得る自慰行為（性器いじり）もみられ、他の子の体に触りたがったりすることもあります。

　**ごまかさず伝える**　幼児の性への興味は成長発達の過程で自然なことです。性的興味の強い子に対しては、頭ごなしに叱ったりせず、なぜ他人の体に触ってはいけないかなどきちんと説明します。この時期は思春期以降のような性的興奮を得るためにしているのでなく、遊びの中で行っていることもあり、また相手の反応を楽しんでいる場合も多いようです。自分の体と心は自分のもの、人の体と心はその人のものであること、嫌がることはしてはいけないことなどをしっかり伝えます。

　**自分も相手も大事にできること**　性について大事なことの一つは、自分も相手も大事にできることです。このことはひいては生命を大事にできることにもつながります。子どもに生命の尊さを伝えていけるよう考えていきたいものです。

瀧口　綾

# わがまま

「わがまま」の対応は親が疲れてしまい、子育てが間違っているのではと悩みがちです。しかし、個性がわかる時期、健全な成長過程には必要だと理解して、そのときこそ耐える力を養うことができると考えましょう。まず、子どもの気持ちを受け止め、どこまで満たせるか我慢するのかを子どもに話しかけてみます。一方的に叱るのは逆効果です。

**「わがまま」を「自己主張」に**　子どもの言うことを何でも聞くと「わがまま」が強くなり、思い通りにならないと泣き叫び「甘やかし」になります。自制の方法を教えて耐える力を養う必要があります。逆に何でもダメと言われたら、気持ちを閉じ込めてしだいに親への信頼関係が希薄になり「わがまま」だけを言うようになります。子どもによって許容する線引きが難しいですが、自己主張が非常識でない内容であれば、可能な限り子どもの欲求を満たし甘えられる空間を確保しましょう。子どもと一緒に家庭独自のルールを作るのもよいです。

**自己主張を促す**　自己主張は自分がどのようにしたいかを主張する内容です。親は自己主張かわがままかの見極めが大事です。わがままな場合は「○○したい」から「何でもいいから言うとおりにしてほしい」と、途中から目的が変わります。親はその場で何がいけないかを伝えます。自己主張の強い子どもは何度も要求することがありますが、解決方法を一緒に考えるのがよいです。自己主張の弱い子どもには「○○したかったのね」と気持ちを受け止め、欲求を満たせるように対応します。

**発達段階によって**　イヤイヤ期では、どうしたいのかを聞いて自己決定できるように代弁したり、人の気持ちが分かるような年齢になれば、理由をきちんと言えるよう促したりするうちに、わがままはダメだけれども自己主張はいいと判断できるようになるでしょう。　　　　大賀恵子

# 盗みをする

　子どもは、人が持っているもの、見慣れない物珍しいものに強く引きつけられます。そのこと自体は、好奇心の強さ、外界の環境への強い関心を示していますから、望ましいことです。しかし、お店で売っている品物や、友達の持っていたおもちゃを勝手に持ってきてしまったりすると、親はこれを「盗み」だと考え、心配するでしょう。3〜4歳くらいまでは、自分の欲求を自分の力で抑えるという力が伸びてきていません。ですから、この時期の「盗み」には、何の悪気もないことがほとんどです。「あなたが欲しいものは、きっと誰かも欲しいと思っているものだよ」ということを、くどくならないようあっさりと伝え、元の場所、持ち主に返すことを促してみましょう。

　**満たされなさの表れ**　5〜6歳以上の「盗み」の場合には、物への欲求の他に、「盗み」によって秘密を持つことの快感を抱き、満たされない思いを心の中に抱え、その欠乏感を、物を手に入れることで埋め合わせようとしている場合もあります。この年齢の子どもには、「なぜ、その行為をしたのか」を（問い詰めるのではなく）尋ねてみましょう。

　**頭ごなしに叱らない**　大声で強く叱る、「盗みをするのは悪い子だ」と子どもの人間性や人格への攻撃とならないよう、十分に注意しましょう。一方的に叱り飛ばすことは、「盗み」を隠そうとする方へ子どもを誘導してしまいますし、悪い子だと非難された子どもは、「自分は悪い子どもなんだ」と、レッテルを自分自身に貼り付けてしまいかねません。理由を聞いて、いったんは聞き「人の物は、勝手に持ってきてはいけない」と短く伝え、自分で返しに行くよう（親や他の大人が付き添ってもよい）、具体的に、かつ簡潔に指示しましょう。幼児期の「盗みぐせ」は、思春期以降の窃盗には直結しません。

吉田直哉

# 表情が乏しい

　子どもの笑顔は大人を幸せにしてくれます。しかし、わが子は表情が乏しく「家でも外でも表情が変わらず、嬉しいときも他の子どもほど嬉しそうな表情を見せない、いつまでも指しゃぶりをしたり爪を噛んだりして一人でいる」と心配されている方もいるでしょう。どのような状況にも原因があります。

　**家族のなかで誰がたくさん話をしていますか**　子どもの健やかな成長を促すためにも会話は大切です。よく話をする子どもは語彙が豊かになり、周囲の感情を認識する力も身についていきます。おとなしくて周囲の話を聞くほうが多い子どもでも、心の中でつぶやいていることがあります。大人がその気持ちを確認したり代弁したりすると「話すことで自身の感情を周囲に伝える」という方法を身につけられます。つまり、自分なりに表現する方法が分かれば次第に表情が生まれるのです。

　**五感を使える喜び**　胎児は聴覚が発達すると、安心できる声や音を聞き分けます。誕生後、触覚や視覚などの発達により関心のあるものに気持ちを向けて遊びの範囲を広げていきます。日常の散歩で触れる自然の色や形、匂いや音が子どもの感受性をくすぐります。色彩豊かな環境は微細な表現を生み、楽しかった経験を伝えたいという欲求が増すでしょう。それを大人が表情豊かに受け止めることで、子どもの表情が笑顔に変わるはずです。何気ない日常生活に子どもが経験できる契機をたくさんつくり、家族の思い出を共有できるのが理想です。

　**家事や子育て**　両立で忙しいなか大変ですが、一緒に歌を歌ったり家の手伝いをしたりしながら、子どもの五感を刺激する関心事はどのような領域かを観察します。大人との関わりが増えて心に温もりを感じるようになれば、自然に表情豊かになるでしょう。

大賀恵子

# おくびょう

　少しのことでもビクビクしたり、何事にも尻込みしたりするおくびょうな子がいます。また、何度も同じことをやっているのに、なかなか一歩を踏み出せない子もいます。そのようなとき、周囲の大人は歯がゆさを感じてしまいます。

　**気持ちに寄り添う**　大人でも初めてのことや苦手なことには躊躇するものです。まして、社会経験の少ない子どもにとって、初めてのことは、結果の予測（見通し）がつかない怖さがあるため、怯えてしまうのは当然です。成長するにしたがって、自分の経験と重ね合わせることで、予測が持てるようになり、自然に改善していきます。時には、以前の嫌な経験や思い出が蘇えってしまい、おくびょうになることもあります。おくびょうな子は、ちょっと敏感で感受性が強い子なのかもしれません。

　**少しずつ慣れる**　例えば、水を怖がりプールに入ることを嫌がる子がいます。まずは、友達がプールで遊ぶ様子を見ながら、近くで、バケツやジョーロなどを使って水遊びをしてみましょう。友達の楽しそうな様子に興味を持ってきたならば、プールサイドまでいって足に水をかけてみる、次に、足先を水につけてみるというように、少しずつ慣れていくことが大事です。その子に合わせた小さなステップを用意して、それを一つずつ超えていくことで、自信が持てるようなります。大人が「大丈夫」「怖くない」といって、無理強いするのは逆効果です。実際の体験を通して子ども自身が「大丈夫」と確信できるように、段階的に取り組みます。

　**興味関心に寄り添う**　「できないとはずかしい・弱虫」などの言葉かけは避け、子どもの「やってみたい」という気持ちを引き出しながら、その気持ちに寄り添って手を差し伸べていきましょう。　　　　　橋本惠子

# 虫や花にひどいことをする

　子どもにとって草花や虫、小動物は生き物の中でも手に取りやすく親しみ深い関わりが見られます。2歳くらいになると、草や花が揺れていると、話しかけたりなでてみたり、自分より小さい生き物への労りを表現する場面が見られます。また、生態や成長にも関心が強くなります。

　**ひどいことをする理由**　時折虫の羽をもいだり、体を引きちぎったり、踏みつぶしたりする子どももいます。きれいな花と思って見ていても思わず手折ってしまう等の行為が見られることがあります。子ども達のこうした行為は、必ずしも「いじめている」「残酷なことをしている」という意識があるわけではなく、「こうしたらどうなるかな？」などと確かめてみようとする場合もありますし、大好きな先生にこの花をあげようという気持ちで手折ることがあります。このような場面に出会ったら、あわてずに「お花がかわいそうね、虫さん痛いよね、ごめんね」とそばで代弁しながら気づかせてやるようにします。

　**生育環境の影響**　これまでの育ちの環境から、自分を認めてもらえない不安の中で苦悩し、苦しんでいる痛みの延長で、自分より弱いもの、反抗しないものへ、気持ちの苛立ちをぶつけてしまうこともあります。子どもの行動に気づいたら見過ごさないで、時間をかけて丁寧に気持ちに寄り添い、話しかけ、絵本やお話を通して子どもの心にやさしさや思いやりの気持ちが伝わるようにすることが大切です。

　**命の大切さ**　虫や小動物、小さな花の生育、成長にも関心をもたせ、どのようにして生まれ育っていくのかを観察したり、生態を調べたりし充分に観察できたら必ず自然に返す等の経験を増やし、小さな生き物や花も呼吸をして、一生懸命に生きていることや、生きる喜びを伝えていきましょう。

吉田美恵子

# 怒りっぽい

　怒りっぽい状態とは、状況や物事が自分の思い通りにいかない場合に心のなかに生じる不快感のことを指します。

　**怒りっぽい状態になる理由**　子どもは不安や悲しみの気持ちを言葉でうまく伝えられないことが多いため、その気持ちを怒るという感情に置き換えて表現することがあります。子どもが怒り出したときは、「悲しい気持ちをわかってほしい」、「困っているので助けてほしい」など、何か言いたいことがあるのだと受け止め、子どもの話を聞き、怒りの根っこにある原因を理解しましょう。子ども自身でうまく説明できない場合は、「今日は誰と遊んだのかな」などと問いかけながら子どもと共に一日の出来事を振り返り、原因となっていることを探ります。

　**気持ちの表現方法や解決方法を共に考える**　怒りの原因が分かれば、まずは子どもの思いに共感することが大切です。その上で、たとえば、怒りの原因が他の子どもとの関係にあるのであれば、「今度は○○と言ってみたらどうかな」、「こんな風にしてみたらどうかな」などと、思いを言葉や行動で表現できるアドバイスをします。また、そのなかで何が問題となっているのかを把握し、「○○ちゃんは、なぜ、そういうことをしたのだと思う？」、「どうすればうまくいくのか考えてみよう」などと、相手の思いにも気づきながら人や物事に対する見方や考え方を広げ、怒りの根本にある問題の解決方法を共に考えていきます。

　**親子の人間関係を見直す**　怒りっぽい状態が見受けられるときは、親子の人間関係を見直していく機会としましょう。自分の気持ちや存在が受け入れられていると感じられるようになれば、子どもは他の人に対しても安心感や信頼感をもつようになり、友達の何気ない言葉や行動に対して、すぐに怒りを感じることも少なくなります。

小尾麻希子

# かんしゃくもち

「癇」はひきつけやてんかんなど全身が痙攣することで「癪」は胸や腹に急に起こる激しい痛みのことです。両方とも「～に障る」という表現をします。この2つを合わせた「癇癪」とは、些細なことで感情が抑えられなくなり、激しく怒り出すことです。

**かんしゃくもちとは**　神経過敏で感情の爆発が起こりやすい性質や性格の人を指します。感情に責任はありませんが行動には責任が生まれます。かんしゃくを起こすと子どもは泣き叫んだり、金切り声をあげたり、ひっくり返って暴れたりします。いわば怒りの発作で、自分の思い通りにならないこの状況がイヤであることを伝えたいのにどう表現したらよいのか分からないのです。かんしゃくを起こす背景には物が欲しい、やりたいという要求、あるいはやめたい、場所を避けたいという拒否、自分に注目してほしい、かまってほしいなど子どものさまざまな思いがあります。親は、かんしゃくが高頻度で長時間起きると単なる成長の一段階なのか、性格なのか、はたまた病気や障害が疑われるものなのかと心配になります。しかし、それを収めるために欲しいものをすぐ与えることは、かんしゃくを起こせば要求に応えてくれると認知し、コミュニケーションの手段として定着する可能性があります。

**起こす前と起きたらやること**　子どもが冷静な時に親の気持ちを伝える、いつも思い通りにいくとは限らないことや他の解決方法はないかと一緒に考えるなど、起きにくい環境作りが大切です。子どもはまだ他人との違いを理解しづらく、説明や交渉、妥協も難しいのです。子どもの欲求を受け入れて、それから連想するものを足して気持ちを代弁する、「○○したら△△しよう」と行動を具体的に提案してみます。かんしゃくも経験の一部で、子どもはそこから多くを学んでいます。　　岩城淳子

# 短気

　短気な大人は、他人の話を最後まで聞くことができません。物に当たったり考える前に行動したりと気分の変動が激しくなることがあります。しかし、大人になっても自制する方法がわかれば短気は改善できます。短気になる要因を幼少期の親子関係や環境の関係から探ってみます。

　**我慢や抑制の状態**　幼少期に我慢や抑制ができない、逆に過度である場合は脳の前頭葉が未発達になることがあります。気持ちが安定せずイライラが増え、人間関係が円滑に運びません。自分が正しいという思いが高まり他者批判が増えると外向的に発信して短気とみられます。「何をやってもダメだ」と自信喪失になると心を閉ざし内向的になります。心が耐えきれず一気に発信すると周囲よりも本人が最も戸惑います。

　**セロトニンの活性化**　セロトニンは神経伝達物質の一つです。神経の安定に深く関わっているため、セロトニンが増すことで感情のコントロールがよりよくなります。乳幼児期は特に大人との関わりが大事ですから、やさしく肌に触れて非言語コミュニケーション（あやし行為など）でたくさん語りかけると良いでしょう。その度に子どものセロトニンが活性化して気持ちが安定し、愛着形成が穏やかに促されます。

　**一日に一度**　家庭内の環境設定が大切です。子どもに向ける温かな表情や言葉かけは子どもの心を落ち着かせ表情にもやさしさが現われますが、大声で叱られたり頭を大きく揺らされたりすることが増えると、子どもの脳は萎縮してキレやすくなります。言い聞かせるのではなく問いかけるようにします。一日に短時間でよいので「やさしく触れて」ゆっくり話す時間を設けます。睡眠不足でリズムが狂うと認知機能や意欲の低下、言語発達に関連する集中力、情動面に問題が起こることがあります。睡眠の安定も心がけます。

大賀恵子

# 落ち着きがない

　落ち着きがあるというのは、気持ちや態度が物事に動じず、安定した状態にあることです。逆に、心が揺さぶられると落ち着きがなくなります。しかし成長とともにそれをある程度抑制して、徐々に責任ある行動をとれるようになっていきます。とはいえ大人になっても落ち着きのない人はいます。そのような人の特徴は、感情のままに計画性なく行動する、最後まで人の話を聞かない、目の前のことに集中できない、自分のキャパシティーが分からずそれ以上のことをやりたがる、周りの視線を伺うなど、せわしない傾向があります。

　**子どもの時には当然のこと**　好奇心が旺盛な子どもに落ち着きがないのはむしろ当然のことで、それほど気にすることでもありません。なぜなら成長することで落ち着きがだんだん備わってくるからです。もともと人の集中力は年齢＋１分ともいわれています。そしておとなしく遊んでいることが落ち着いている状態とも言い切れません。落ち着きがないというのは主観的な判断なので、むしろ４歳頃になっても突拍子もない行動をとる、よく確認せず飛び出す、何のためらいなく手を出す、口に物を入れるなどがないかを気にかけることの方が大切です。

　**ふだん心がけること**　「落ち着きなさい、静かにしなさい」と口で言っても子どもは落ち着きません。ではどんなところに気を配ったらよいのでしょうか。落ち着きのない子どもは、それまでに大人にじっくり相手をしてもらえていなかったり、生活があわただしかったりすることが多いようです。まず親が時間に余裕を持てる状態にし、子どもの心が充たされるまでゆったり子どもに付き合い、いつも子どもの味方でいることを心がけて下さい。子どもは心が定まっていると比較的冷静になれる時間が増えていきます。たまには親が呑気になるのもいいことです。**岩城淳子**

# 神経質

　小さな物音や、大人から見たら些細な物事の変化に過剰に反応する子どもがいます。例えば、大人から見れば些細な変化で、大泣きをしたり、寝つかなくなったりすることがあります。「いつもと同じ」「変わったこと、新しいことが何も起こらない」状態にこだわり、それが乱されるときにパニック的な反応をすることは、環境の変化に対する感受性の高さの裏返しです。新しい環境、あるいは環境の変化に適応していくことがうまくいかず、困惑している姿、または、子ども自身の内的世界に対する外界からの「侵入」に不安や恐れを感じ、防御しようとする構えとも言えます。子どもの神経質さの裏側には、周囲の環境の細かな変化への不安が潜んでいるわけです。

　**新しい環境に出会うストレスから**　幼児期の子どもは、家庭の中という狭く、小さな環境から、地域や園など、その外側にあるもっと広い環境へと、少しずつ活動の範囲を広げていきます。しかし、真新しく見慣れない環境に慣れるのには、子どもは、大人とは比較にならないほどの時間を要しますし、広い世界への適応は、強い緊張と大きな努力を伴いながら進められていきます。真新しい環境への順応の途中に感じるストレスが、過剰な反応、神経質さとして現れていると考えられます。

　**過剰反応しない**　ただ、周囲の大人までが過剰に心配し、あわてたり、驚いたりという大げさな反応を繰り返すと、子どもは自分の行動が大人に受け入れられた、そのように振る舞うのが当然なんだと感じ、その反応をエスカレートさせかねません。子どもの神経質さは、親の神経質さと合わせ鏡のように影響し合っています。生来の気質の影響もありますが、子どもの神経質さの大部分は、親や周囲の大人からの神経質な関わり方に影響されて現れてくるものなのです。

吉田直哉

# 注意散漫

　そもそも、経験の少ない子どもにとっては、見るもの聞くものすべてが物珍しく、魅力にあふれています。注意散漫な子どもとは、言い換えれば"興味関心が強く、探索行動が得意な子ども"でもあります。そんな、大人から見れば注意散漫と思える子どもも、年齢が上がるとともに、一つのことを継続する時間が長くなります。たとえ、一瞬、周囲のことに興味が移っても、すぐに気持ちを切り替えて、今までやっていたことに集中して取り組めるようになります。

　**環境の工夫や声掛けの工夫**　3歳を過ぎても、次々とおもちゃを変えたり、意味なく歩きまわったりして、一つの遊びが5分も続かないようであれば、大人が働きかけをしてみましょう。例えば「砂場でトンネル作りをやるよ」いうように何をやって遊ぶのかを明確にして、見通しが持てるようにします。また、子どもが興味を持っているもの（電車、シャボン玉、風船など）を見せて、遊びに誘い込むのも方法です。そして、周囲には必要のないものを置かない、見えないように片づけるなど、子どもの気持ちが散らないように、環境を整える工夫も必要です。遊んだ後はきちんと片づけをして、その遊びを完結させることも大切です。片づけは、次の行動に移る準備でもあります。ですから、片づけの習慣をつけることは、興味関心にばかり気持ちをはやらせ、まとまりのない行動をとることを抑える効果にもなります。

　**注意を向けるべきポイントを伝える**　おもちゃで遊んだり、道を歩いたりというときに、気が散ってしまうとけがや事故につながります。おもちゃで遊ぶときの注意や歩道のない道路の歩き方、自転車の乗り方など、大人が付き添って一緒にやって見せながら、具体的な行動を教えていくことが効果的です。

橋本惠子

# 粗暴

　たたく、噛む、泣きわめく、汚い言葉を使う、物を投げるという行動は、乱暴な子、粗暴な子とみられがちです。しかし、言葉が未熟な子どもにとって、そのような行動は、要求や欲求を伝える手段でもあります。ですから、粗暴な行動の背景にある理由を考えていきましょう。

　**子どものメッセージを読み解く**　例えば、自分が遊んでいたところに友達が来て、突然、使っていたおもちゃを使った。すると、先に使っていたのは自分なので、自分の物を取られたと感じて、友達をたたいてしまうかもしれません。そのときに、そばにいた大人から「貸してやりなさい」とか「たたいてはダメ」と叱られれば、その子にとっては、自分の気持ちに反する不当な扱いをされたことになり不満が残ります。叱るだけではなく、その子の気持ちに寄り添った言葉かけが大切です。

　**適切な行動を教える**　そのような時には、「まだ使いたかったのね、ちょっと、待ってねって言おうね」というように、その子の気持ちを代弁しながら、適切な行動を教えましょう。暴力はいけないと叱るだけではなく、子どもの気持ちに寄り添い、その気持ちを代弁し、気持ちに名前をつけてやることで、自分の中に沸き上がった漠然とした不快感を整理することができます。同時に、不快な気持ちを分かってもらえたという安心感とそれを伝えるための言葉を学ぶことができるのです。

　**遊びを通して学ぶ**　時には、大人が一緒に遊ぶのもよいでしょう。くすぐりっこや高い高いなどのダイナミックな遊びは、大人とのスキンシップを生み出します。追いかけっこ、戦いごっこなどの荒いと思える遊びも力加減や感情の調整、体の使い方、ルールなどのたくさんのことを学ぶことができます。トラブルが起きたときに大人が介入することも必要ですが、遊びを通した体験的な学びも大切です。　　　　橋本惠子

# 動物を怖がる

　赤ちゃんは人とのやり取りをすると心地よいと感じる脳を持って生まれてきます。そして、次に出会う絵本やぬいぐるみなどの玩具といった道具を通しても心地よくなることを覚えます。また、音にも反応して、音楽で快楽を感じ取るようになります。童謡や絵本の中でさまざまな動物と出会い、くまさんはやさしいとか、おおかみは怖いなどというイメージが刷り込まれて育ちます。成長とともに、実際に動物園で実物を見たり、園で飼育しているウサギなどを世話したりする経験から、架空の動物と違った印象をもつことになります。

　**動物のなにが怖いかを知る**　初めて実物を見たときの鳴き声に驚いたり、急に近づいたりしてきて恐怖を感じたり、獣の臭いなどが苦手で臭い臭いと近寄らないで嫌がる子もいます。例えば、遠足の行先が動物園だと参加したくないと渋る子がいた場合、動物そのものの何が嫌だと感じて恐怖心があるのかを丁寧に聞いてやることが大切です。そうすることで、テレビの映像で動物園でサルが襲いかかっていった様子が恐怖心となっていた、というようなことが分かります。実際はフェンスがあり大丈夫だと伝えると安心して動物園に行けるケースもあります。このように、子どもたちが恐怖心を抱く場合にはその時のエピソードを詳しく聞いてやり、その時の気持ちに寄り添ってから、楽になれる解決方法を一緒にみつけてやるといいでしょう。

　**個人差がある**　最近では犬や猫を自宅で飼っていて人と同じ空間で生活をし、家族の一員であるように育った子も多いです。動物への好き嫌いを感じることは、育った環境や体験によってずいぶん個人差が大きいと考えられます。まずは観察する機会を増やし、動物を知ることから始めてみてください。

橋本英子

# チックがある

　本人の意思とは関係なく、体の一部が勝手に動いたり声が出たりするのがチックです。子どもにみられることが多く一定期間続きますが、たいていの場合は一時的なものです。ゆったりした気持ちで過ごせるよう生活を整えましょう。

　**チックって何？**　まばたきや首をすくめる、顔をしかめるなど（運動性チック）と、せきばらいをする、鼻を鳴らすなど（音声チック）があります。まれに運動性チックと音声チックの両方がみられる（トゥレット症候群）こともあります。

　**心の病気ではない**　4～6歳頃からみられ、男児に多い傾向があります。成長するにつれて症状がなくなるか軽くなり、たいていの場合1年以内には消えてしまいます。何らかのストレスや不安によってチックが起こったり悪化したりするため、心の病気と思われることがありますが、そうではなく生まれつきチックを起こしやすい体質があるといわれ、ストレスや不安は単なるきっかけに過ぎません。したがって家庭の育て方が原因というわけではありません。

　**叱らない**　一時的なチックの場合、子ども自身も気づかないことがあります。「やめなさい」と言っても自分でコントロールするのが難しいのが特徴です。動きや声にあらわれるため周りが気づきやすく、心配のあまり注意したり叱ったりが多くなります。しかし、周りが気にしすぎるとかえって悪化してしまうこともあるので、あまり意識させないようにしましょう。ただ、生活の中で本人にとって何か負担になっていることがあれば取り除き、ゆったりした生活を送ることを心がけましょう。チックがあることで日常生活が送りづらい場合は医療機関への受診がおすすめです。

瀧口　綾

# 指をしゃぶる

　指をしゃぶることは乳幼児によくみられるくせの一つです。もともと指をしゃぶることで気持ちが落ち着くということもあります。むやみに心配することはありません。

　**安心と指しゃぶり**　赤ちゃんは生まれて数ヶ月で指しゃぶりをはじめます。お腹がすいたときや眠いときなどにみられ、安心したような満足げな表情をしていることが多いです。このように指しゃぶりや指を吸う行為には、気持ちを安定させる働きがあります。幼児期になって指しゃぶりをしているのをみると、大人は「はずかしい」と思ってしまいがちですが、子どもにとっては指をしゃぶることで単純に落ち着くということもあります。

　**心配しすぎない**　指しゃぶりの原因について、しつけが厳しすぎるのではないか、親の愛情不足なのではないかなどと思われがちですが、先ほどみたように何らかのストレスがあるとは限りません。たいていの場合は、成長とともにみられなくなっていきます。ただ、指しゃぶりだけでなく生活全体に心配な様子がある場合は医療機関に相談しましょう。

　**やめさせようとせず気をそらす**　子ども自身はわざと指をしゃぶっているのではありませんので、やめさせようとしてすぐにやめられるものではありません。「やめなさい」といったり叱ったりすることで回数が増えてしまうこともあります。注意することでかえって指しゃぶりを意識させてしまうので、子どもの気持ちをさりげなく他のことに向けるような声かけをしましょう。思い切り遊ぶ体験や、子どもの好きなことを親も、一緒に楽しむというのもおすすめです。何かに熱中しているときにはくせが出にくくなるものです。おおらかな気持ちで見守ることが大切です。

瀧口　綾

# 爪をかむ

　爪かみは一般的には幼児期から児童期にみられることが多いです。周りからみてよく目立つので心配になる方も多いですが、爪かみ自体はこの時期の子どもに普通にみられるものです。

　**緊張場面で起こりやすい**　爪かみはほんの少しだけかむものから、ほとんど爪がなくなるまでむしりとってしまうなどその程度はさまざまです。よく爪をかむ子の場合、なかには爪を切ったことがないという子もいます。多くの場合は遊びや好きなことに取り組むことでしだいになくなっていきます。爪かみは緊張するような場面で起こることが多く、心配なことがあるとき、大勢の前で話すときや試験のときなどにみられます。ストレスや緊張場面に弱いというタイプの子どもに多く、これに親の過保護や指示の多さ、逆に放任するなどの関わりがみられる場合起こりやすくなります。他にも、いわゆる赤ちゃんがえりの行動として生じることもあります。赤ちゃんがえりとは、下にきょうだいが生まれると、それまで自分に向けられていた親の関心が下の子に向けられることになりますが、親の愛情を奪われたような気持ちになり、親の気を引くためにより幼い頃に戻ったような行動をして安心するというものです。

　**爪かみをしていないときに褒める**　無理やりやめさせようとすると、緊張や不安を高めてしまうのであまりよくありません。爪をかんでいるとき注意するのでなく、爪をかんでいないときに褒めることが効果的です。爪を短く切り、清潔に保つことも大事です。

　**子どもには子どもの世界がある**　子どもは自分の世界で人間関係をつくり、さまざまな体験を重ねながら大きくなっていきます。心配しすぎず見守ることも大人の役目と考えましょう。爪かみがあまりに気になるような場合は専門家に相談されることをおすすめします。　　　　瀧口　綾

# 物をかじる、しゃぶる

　幼児期に、物を口にもっていく行為には意味があります。その意味を理解した上で、適切な関わりをすることが大切です。

　**生理的な行動として**　生まれたばかりの赤ちゃんは、口元に何かが触れると、吸いついていく行動がみられます。生まれてすぐに母乳を飲むことができるのはこうした（哺乳反射・吸啜反射）が備わっているからです。その後、赤ちゃんが手で物をつかむことができるようになったら、物を口に入れるようになります。手で触って、口にもっていき、なめたり、しゃぶったりします。1歳くらいまでは、自分の手と目で物を確認することが難しいため、口の中で、物を確かめているのです。

　**心理的な行動として**　物を口に持っていく行動には、心理的な理由もあることがあります。母乳やミルクを飲んでいる乳児期（1歳頃まで）は、指しゃぶりをしたり、物（おしゃぶり等）を口に入れて、なめたり、しゃぶったりして、安心感を得ている心理的な行動がみられます。

　**子どもの心の発信を受け止める**　幼児期の子どもが物を口に持っていく行動は生理的なものと心理的なものがあります。これらの行動は心の安定のためにも必要なことであることを理解した上で、危険なものを手が届く場所に置かない配慮もしましょう。成長過程で、口を物に持っていくことは徐々に少なくなりますが、3歳以降に、頻繁に物を口に持っていき、かじったり、しゃぶったりする場合は、何か理由がある行為であることが考えられます。甘えたい気持ちや、緊張や不安な気持ち等、心の発信として現れるのです。そうした行動がくせになってしまうと心配になることもありますが、無理にやめさせるのではなく、子どもへの関わりを見直してみてください。園等で緊張や不安な要因が考えられる場合は、保育者に相談してみましょう。

藤田久美

# けががたえない

　石橋をたたいて渡るくらい慎重な子もいれば、あれこれ考えずにやってみる行動的な子もいます。ゆったり過ごすことを好む子もいれば、ダイナミックな遊びを好む子もいます。どちらがよいというわけではありませんが、突発的に行動したり、動きが多かったりする子の方がけがをする確率は高くなるでしょう。しかし、何でもないところで転んだり、転んだ時に自分の体を手で支えることができず、顔をけがしてしまったりするのは運動能力が未発達であることが考えられます。

　**はいはいの重要性**　乳児期にけがが多いのは広い空間がないために、はいはいを十分にすることができず手足の筋力の発達が不十分なまま、すぐにつかまり立ちをして歩き始めたことが一因ではないかともいわれています。運動能力は、遊びの中でも十分に高めることができます。

　**運動能力を高める**　基本的に子どもは体を動かすことが大好きです。基本は歩くことです。乳幼児期から色々なところにお散歩してみましょう。少しずつ距離を長くしてたくさん歩けるようになるといいです。平坦な道ばかりでなく、坂道や芝生の上、でこぼこ道や幅の狭いところ等を歩くと自ずとバランスをとれるようになり体幹が鍛えられます。

　**足に合った靴を履く**　たくさん歩いたり走ったり跳ねたりするためには、足にきちんと合った靴を履くことです。子どもは、靴のサイズが合わないことに気づかないので、大人が合っているかどうか時々触って確認しましょう。スリッポンタイプは履きやすいのですが脱げやすくもあります。脱げないようにするために全力で走れなかったり、靴にひっかかり転んでしまったりして集中して遊ぶことができません。ちょっと歩くだけならよいのですが、じっくり遊ぶ時にはしっかりと足と靴を固定できる紐や面ファスナーのスニーカーが最適です。　　　　　　濱野亜津子

# 左利き

　世界的に、成人の10%強が左手を利き手としているという統計があります（男性に左利きがやや多い）。

　**左利きはめずらしくない**　両親のどちらかが左利きだと、左利きの子どもの出現率が20%ほどに高まることも知られていますが、利き手の決定は遺伝要因より、環境要因の影響が大きいと考えられています。0歳の頃から、対象物に手を伸ばす時、右手を使う子ども、左手を使う子どもがいますが固定的ではなく、4歳頃までは、何回か右利きと左利きが入れ替わり、両利きのような時期が見られたりと、利き手が変動します。

　**学童期以降に変化も**　最終的に、利き手が安定してくるのは4歳以降と言われています。ただ、学童期以降、成人期になってからも、左利きから右利きへ変化する人の割合は緩やかに増えていくことが知られています。ただ、利き手の安定といっても、常に一方の手を使うようになるわけではなく、箸を持つ手、鉛筆を持つ手が異なっていたり、ボールを投げる手やビンのキャップをひねる手が異なっていたりと、かなりの個人間の差と、個人内の差があります。字を書く、絵を描く、ハサミを使うなど、巧緻性の高い動作（細かい動きが求められる）ほど利き手がはっきりし、そうでない動作（ほうきを持つ、歯ブラシを握るなど）では、利き手以外を日常的に使う例も見られます。身体の左右差は、利き手、利き足、利き目、利き耳など、身体のさまざまな部位に見られます。

　**右利きへの矯正は必要ない**　右利きが多数を占める社会では、道具や文字など、社会・文化的環境が右利きの人間に適合するようになってはいますが、幼児期に右利きへの「矯正」は特には必要ありません。利き手の「ぶれ」は、幼児期にはごく普通に見られる、一時的な現象だからです。

吉田直哉

# 動作が鈍い

　「動作が鈍い」と感じる子どもの理解や関わり方について考えてみましょう。

　**動作が鈍いと感じる時**　幼児期の心身の発達は目覚ましく、親もその成長が楽しみになります。そうした時期に、子どもの反応が乏しかったり、体の動きがゆっくりだったりすると少し心配になるでしょう。同年齢の子どもの動きと比較して、「うちの子は成長が遅い？」「何か問題があるのでは？」と心配になるかもしれません。しかし、子どもの成長には個人差があります。生まれ持った性格がおっとりしているため、動作が鈍く感じることもあるかもしれません。

　**発達に心配がある場合**　子どもの運動面の発達には、粗大運動という、走ったり、歩いたり、登ったりする大きな運動のものと、微細運動という、つまんだり、入れたり、ハサミを使ったりする小さな運動があります。こうした動作が極端に苦手な場合、運動面の発達に心配がある場合もあります。また、言語理解が難しく、言われていることがわからないため、動作が鈍くなっている場合もあります。聴覚に病気があり耳が聴こえない状態や、知的遅れがあり言語理解が難しい状態も考えられます。こうした心配があれば、かかりつけの小児科医や保健センターの保健師に相談したり、専門家の支援を受けたりすることが必要になります。

　**動作の鈍い子への関わり**　子どもは一人ひとり、発達のペースがあります。動作が鈍い子どもを育てる中で、親がそのことだけに着目していると子どもの成長を支えることができません。子どもが楽しいと思える経験を積み重ねながら、笑顔が生まれる子育てを心がけてください。発達の遅れが認められた場合は、福祉サービス等の専門機関等を利用し、専門家とつながりながら子育てをしていきましょう。　　　　　　　　藤田久美

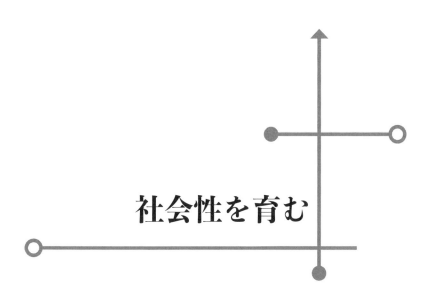

# 社会性を育む

# 内弁慶

　家では元気いっぱいなのに、外では本来の自分を発揮できないという内弁慶の子どもがいます。こうした自分の本来の力を外で発揮できない子どもは、入園や入学、進級など環境が変化すると、馴染むまでに時間がかかります。馴れない環境では、失敗をしたらどうしよう、友達との接し方がわからないといった不安があるためと考えられます。家庭の中ではそうした不安がないために、伸び伸びと自分を表現していることを理解します。

　**大人がモデルとなる**　経験の少ない子どもにとって、家庭以外の場所は未知の世界です。社会経験が少なく、さまざまな場面でどのように振る舞ったらよいのかわからないから、不安になるのです。子どもにとって、親が近所の人に挨拶をしたり、先生と話をしたりする姿は、振る舞い方を学ぶ機会になります。周囲の大人は、子どもへ手本を示すという意識を持ち、時間をかけて見守っていきましょう。

　**わが子のありのままを受け止める**　子どもの発達や得意・不得意、興味関心などには個人差があります。わが子の興味に寄り添いながら、励まし、チャレンジさせていきましょう。そして、結果ではなく、その頑張りに対して褒めていくことが大切です。やがて、子ども自身が自分の良さに気づき、自信が持てるようになると、たくさんの友達の中でも自分を存分に表現することができるようになります。

　**大人と一緒に考える**　環境の変化や初めて経験することに対しては、事前の説明やリハーサルが有効です。また、失敗や間違いは、子どもにとってはつらい経験である反面、貴重な宝にもなります。うまくいかないことがあったら、次はどうしたらよいのか、大人が一緒に考えてやりましょう。安心感を得ることで、次の意欲につながります。　橋本惠子

# 思いやりがない

　生まれて間もない乳児でも自分と他者の違いを区別でき、社会性らしきものが芽生え始めるといわれています。未就学児や小学生は家族以外の他者と本格的に関わりをもつことにより、他者を思いやるといった社会性のある行動の経験をするようになります。

　**思いやりの心**　相手が考えていることや相手の気持ちを読み取ること。また、相手が嫌がっていることを想像することができることです。4〜5歳児の頃はなんでも独り占めして自分の満足度を優先した行動が目立ちます。例えば10個もらったクッキーは、独り占めして食べたいと思います。その場にきょうだいや友達がいると、大人から分けてやるようにと促されます。6歳児になると自分からクッキーを分けて感謝されたことや、友達と一緒に食べて嬉しかったという気持ちを共感できたことに満足できるようになります。このような心の働きを経験しながら、自分だけのことではなく相手への思いやりをもった行動がとれるようになります。そして人間関係を築いて学童期へと成長していきます。

　**相手の気持ちを読み取れない**　学童期になっても相手の立場に立って考えることが少し苦手な子もいます。このような子の場合、わざと相手が嫌がることをしているのではありません。頭ごなしに怒ることはやめましょう。自分の言動や行動の結果で相手がどんな反応をするのか予測がつかないことが多いようです。そんな時には、表情カードなどを使って、「今の言葉づかいでは○○ちゃんがこんな顔になるよ」とカードを見せながら視覚的にもわかりやすく説明して教えてやりましょう。その都度、根気よく丁寧に相手の気持ちを説明してうまくいった時は褒めてやります。自尊心が高まることで、他者へも思いやりのもった言動や行動がとれるようになります。

橋本英子

# 気が弱い

　自分を守ろうとする自己保存の本能は生きていくうえで大切なことです。それが強すぎると失敗することを怖がり、自信がなくなり気の弱い子になってしまいます。

　0〜3歳ぐらいまでの人間の脳は「生きたい」「愛されたい」「認められたい」といった思いを見出すと言われています。その時期の子どもにお母さんが明るい表情で愛情を注ぐことが大切です。子どもと母親が一体化した体験を通して特別な絆（愛着）が形成されます。人に対して基本的な信頼関係がここで育つと成長とともに自分の気持ちを言葉で表現したり、社会性を身につけたりして自立できます。この段階で信頼感や安心感が育まれなかった場合、その後も自信をもてず、暗い表情となり、意志決定にも悩むようになってしまいます。

　**弱い心の持ち主**　「早くして！」「危ない！」などと大人が過干渉な言葉かけばかりしていると子どものやる気をうばい、興味関心がなくなります。そうすると経験不足から弱い心の持ち主になってしまいます。

　**失敗を認めよく褒める**　物を壊したり、失敗したりしても怒らず「頑張ったね」「すごいね」と褒めてやりましょう。褒められると脳神経細胞がいきいきとします。また褒めてくれる大人の明るい表情が嬉しいと感じ、それが自信となります。そして、自分以外の人のために頑張ることができる子に育ちます。

　**子どもの話に共感し最後まで聞いてやる**　子育てや家事で忙しいときも「後でね」などと言わずに最後まで聞いてやりましょう。子どもがその時主張したかったことや気持ちに共感して「嬉しいね！」と言葉も添えてやることで、その後に出会う他者とのコミュニケーションの取り方の基本となり自信がつきます。

橋本英子

# はずかしがりや

　子どもは身近な大人との具体的な交流を通して、人への信頼を育てていきます。乳児の頃「人見知り」をするのは、母親との愛着形成が育まれている証といえます。その後、大きくなっていく過程で、母親や父親以外の大人や子どもとの出会いや関わりを経験していきます。子どもの時、初めて出会う人に会った時、はずかしいと思った経験は誰でもあるのではないでしょうか。そういった感情は誰でも抱く経験をしたはずです。また、知らない人に話しかけられて、親の後ろに隠れたり、顔を隠したりする姿を目にしたこともあると思います。そういった姿を見て、「うちの子ははずかしがりやなの？」や「内気なの？」と心配する親の声をよく聞きます。

　**はずかしがりやの子どもの理解と関わり方**　もともと性格が内気な子どもを含め、幼児期の子どもの行動特性として「はずかしがりや」のように見える姿は誰にでもあることと理解しましょう。親は、そういった子どもの姿をありのままに受け容れる姿勢を保持しましょう。そして、子どもの姿をみながら、行動の意味を子ども側に立って考えることが大切です。

　**人と関わる肯定的な経験を積み重ねて**　これまで述べてきたように、大人が子ども側に立って考えてやる関わりを大切にしながら、子どもが家族以外の人と関わりをもつ経験を積み重ねていけるような環境をつくってやることを心がけてください。子どもは経験したことを学びとして成長していきます。自分に関わってくれる大人と楽しい時間を過ごしたり、初めて会う友達と遊びを通して仲良くなったりするなどの経験は子どもの成長に必要な経験です。幼児期のこうした経験が、社会性の発達を促すことになります。

藤田久美

# でしゃばり

　「でしゃばり」というと一般的に「余計なことをする」といった意味に捉えられがちです。マイナスなイメージにも思えてしまいます。幼児期の子どもの場合どうでしょうか。親からみていて、一見「余計なことをする」という行動をでしゃばりとして捉えるのか、あるいは「気がきく子ども」と捉えるのか、その捉え方で子どもの見方は大きく違ってきます。

　**でしゃばりと感じたとき**　子どもは身近な大人との関係の中で育ちます。親などの身近な大人が子どもの行動をどう捉え、その行動をとった心をどう理解するかは、子どもの心の成長に大きく影響を与えます。こうした子どもの心の成長を支える基本を考えた時、「でしゃばり」に感じたら、どのように子どもに関わったらよいでしょうか。こうした時のよい方法として、子どもがなぜそのような行動をとったのか、子ども側の立場で考えてやることが大切です。あまりに目に余ると感じれば、子どもがなぜそういう行動をとったのか、話を聴いてやってください。その思いを尊重した上で、どのような行動が適切だったのかやさしく教えてやりましょう。4歳後半になると、周囲の空気を読み、他者の気持ちがわかるようになります。場の雰囲気を読み取ることの大切さや適切な言動とはどのようなものかについて「～したときは、～したほうがすてきだよ」というように教えてやってください。

　**子どもの行動を肯定的にみる**　幼児期の子どもの心の発達には段階があり、人としてよりよく生きるための基盤づくりをする時期です。こうした時期に、身近な大人に自分の言動を肯定的にみてもらう経験の積み重ねは不可欠です。さらに、人としてよりよい行動を身につけていくモデルになる、身近な大人の存在が重要です。

藤田久美

# 利己心が強い

　利己心とは、一般的には自分の利害だけをはかって、他人のことを考えない心を意味します。幼児期の子どもを育てているとそういった行動を目にすることもあります。親としては、こういった行動をみてもっと思いやりのある行動をとってほしいと思うものです。また、人の気持ちを考えない自己中心的な子どもになってほしくないと思うかもしれません。しかし、幼児期の心の発達過程には、自己中心的に物事を考えたり、他者の気持ちを考えたりが難しい時期があることを理解しておきましょう。幼児期の心の発達過程を理解しながら、親は子どもの発達段階にあった関わりをしていくことが大切です。

　**心の理論から学ぶ**　幼児期の心の発達をみていくとき、英国の発達心理学者であるサイモン・バロン＝コーエン（Simon Baron-Cohen 1958～）が明らかにした「心の理論」で説明されることがあります。他者の気持ちを理解できるかどうかという実験をしたところ、4歳後半から5歳の子どもはこれらの課題を通過することができることがわかりました。つまり、4歳後半までは他者の気持ちを理解することが難しいということです。それまでは、利己心が強いように見えたりすることもあると思いますが、育ちの過程にあることを理解して下さい。

　**他者への思いやりの心を育むために**　幼児期は、身近な大人との信頼関係の中で育っていきます。幼い時期は、子どもの心の発信をしっかり受容していくことが基本です。子どもは大人に自分の心を支えられる経験を通して、人を信頼することを学びます。こうした経験が、思いやりの心を育みます。大人になって利己心の強い人は社会の中で生きにくい状況になることもあります。幼児期に良好な親子関係の中で、子どもの心を育てていきましょう。

藤田久美

# 反抗心が強い

　子どもの発達過程において、周囲の大人、特に両親に対して反抗的になり、拒否や自己主張が高まる時期があります。2～4歳頃に出現する、いわゆる第一反抗期と、13～14歳頃の第二反抗期の2回出現します。しかしこの反抗期は、社会性の発達において意義があると捉えられています。反抗と言ってもその対象や原因はそれぞれ異なっています。

　**幼児期の反抗の特徴**　親の言うとおりに素直に従ってきた子どもが2歳くらいになると、急に言うことをきかなくなり自分の言い分を通そうとします。その状態は3～4歳頃まで続くいわゆる第一反抗期で、親の要求への拒否から始まります。なぜこのような行動をするのかというと、自我意識の芽生えに従って、子どもが親への依存から脱し、主体性を主張した行動を起こすようになるからです。このような主体的な行動に対し、両親の禁止や干渉が生じると子どもは激しく抵抗し反抗を起こします。主張は一方的で場にそぐわないものが多く、親にとっては理解しがたく実現不可能であったりして困惑するものです。親は冷静に子どもの言い分をしっかり受け止めることが大事です。なぜ要求を受け入れられないのかしっかり説明し、丁寧に対応していきたい時期です。

　**反抗は悪いことではない**　子どもが自己主張をして親の言うことを聞かないと、「わがまま」「聞きわけがない」といった表現で子どもを叱ることがあります。しかし、反抗期がなく親の言いなりになる子どものほうが、その後の成長に問題が起きやすいのです。この時期には、親がなんでも決めるのではなく、子どもと一緒に決める機会を増やすとよいです。出かける前に親子で約束事を話し合って、子ども自身が決めた約束、として認識させます。反抗してかんしゃくを起こし興奮しているときは、しばらく見守り、落ち着いてから話す方がよいです。

福田真奈

# さみしがりや

　子どもの心の育ちには、「自分が安心して生きられる、守られている」という実感が大きな役割をもっています。

　不安の多い環境で生活している子どもは依存心や猜疑心が強くなったり、さみしい気持ちにとらわれたり、自己防衛心から攻撃的になったりしがちです。

　**感じ方は人それぞれ**　「さみしい」と感じる気持ちの強さやきっかけは人それぞれです。生まれつき、さみしさや不安を感じにくい心の性質を持っている子どももいれば、大きくなって知識も経験も持っているのに不安な気持ち、さみしさから離れられない子どももいるので、他人のものさしで「心配することはないよ」と励ますだけでは、その子のさみしがりを解決してやることはできません。

　さみしい気持ちは、自分が欲しているものが得られない状態、守られていないという不安感が引き起こす感情と言えるでしょう。子どものさみしさや不安は、生まれた瞬間からついてまわるものですが、日々の経験の中で安心を知ることで、徐々に克服されていきます。

　**楽しさの経験が心を強くする**　さみしいと感じる心の動きを問題にするよりも、さみしさを上回るような楽しさの経験を一つずつ増やしていくことが、その子なりの心の強さを育てることにつながると思います。不安に思っていたことが、予想に反して楽しい経験になった、という実感を生活の中で少しずつ増やせると良いでしょう。

　**さみしがりやの良いところ**　さみしがりの気持ちは、弱いものに寄りそえるやさしい気持ちにつながる部分があります。子どもの不安を和らげるとともに、さみしがりやの心の、良いところを教えてやることにも意味があります。

藤田寿伸

# 動画視聴がやめられない

　YouTube などの動画サイトには、幼児向けのコンテンツが多くアップロードされています。子ども向けチャンネルを開設する人気 YouTuber もおり、子どもと家族が共に視聴して楽しめる映像の制作が盛んです。

　**視聴自体は悪ではない**　知育を目的としたものから、遊び・ゲームのきっかけを提供するものなど、内容はさまざまです。内容を吟味しながら、子育ての方針や目的に合わせて計画的に利用することは全く責められるべきことではありません。

　**動画視聴は受身になりやすい**　ただ、子どもへの応答性を特徴とするアプリなどとは違い、動画視聴はテレビ視聴と同じく、子どもが一人で見ている場合、一方的な受動的状態に置かれてしまいがちです。視聴が子どもにとって意味あるものになるのは、視聴して子どもが感銘を受け、楽しんだ内容について、その場にいる親や大人と、その場でその感情を共有できる機会が保障されているときです。

　**長時間視聴のデメリットも**　スマホでの長時間の動画視聴のマイナスの影響として、短期間のうちに片方の目の瞳が内側に寄って左右の視線がずれる「急性内斜視」が起こりやすくなることが知られています。「内斜視」とは、どちらかの目が内側に寄ってしまって、両目の視線がうまくフィットしあわない状態です。内斜視になると立体視が難しくなり、空間認識や、運動能力にマイナスの影響を与えることがあります。さらに重要なことは、子どもにとって外界を見ることは、認識するということと同じだということです。スマホに向きあう時間が長くなると、子どもの発達にとって重要な外遊び、全身運動の機会が減ります。全身を動かしながら外界を見、感じることは、子どもの遠近感覚を伸ばすだけではなく、認知能力の発達にもよい影響を与えます。

吉田直哉

# 人の話を聞かない

　子どもは言葉（言語）の習得の順番として、まずはじめに「聞く」という態度を身につける必要があります。「聞く」ということができた後、自分の気持ちや意見を「話す」という表現につながり、それが最終的に「書く」という形に発展するからです。「聞く」ことがしっかりと身につかなければ、その後の言語の発達には良い結果となりません。

　**聞くという態度を育てる**　子どもは1歳を迎える頃から言葉を話すようになってきます。まだ会話には結びつかず一方的かつ断片的ではありますが、それでも会話の基礎として大変重要な段階です。成長が進み、人の話を聞きながら自分のしゃべりたいことを伝えるという段階になりますが、話したい気持ちを控えつつ、相手の話を聞けるという段階になるには3歳頃までの時間が必要となります。3歳を迎えても話を聞くことができず、一方的におしゃべりし、話をさえぎって会話を続ける子どももいますが、ごく普通の姿ともいえます。保育施設の集団生活の中で聞く態度を身につけることも大切ですが、それ以外にも家庭でも少しずつ練習しておきましょう。

　**話を聞かない場合**　子どもが話を聞くことができずに途中で会話をさえぎったりする場合、できるだけ高圧的にならず繰り返し話を聞くように促すことが大切です。大人にとっては面倒くさくなってしまうことも多いと思いますが、質問された場合には子どもがわかりやすい言葉を使い、適当に答えることなく、きちんと答えましょう。また聞く態度を学習するために、楽しい絵本の読み聞かせなどを繰り返して、聞く姿勢を身につけていくことが肝要です。無理に難しい話をするのではなく、子どもが興味を持ち楽しみながら聞く態度をとれるような行動を繰り返すことが大切です。

野末晃秀

# 不器用

　私達の暮らしの中に新しい機械や道具が入るようになり、便利で快適に過ごせるようになりました。同時にこまめに手を動かす機会が減り続け、不器用な子どもが増えてきました。

　**手と脳の関係**　不器用とは、手先を使った手仕事や物の扱いがへたで、手と手、手と身体を同時に動かして一つの動作にまとめる運動（協調運動）がうまくできないことです。例えば、ハサミや箸をうまく使えない、縄跳びやボール遊びができないなどです。「手は第二の脳」と言われるように手と脳には、密接な関係があります。手で触れた感覚が脳に伝わり、その情報をもとに脳がどんな行動をしたらいいのか手に指令を出して手が動きます。そのため、手を動かせば動かすほど脳とのやりとりが増えるわけです。このように手と脳を連携させることにより脳が活性化され、手先の感覚が敏感となって、手先が器用になっていくのです。

　**遊びや手伝いが大切**　好きな遊びをたくさんさせるとともに、日常生活の手伝いをさせることも大切です。例えば、ハサミを使うときは、穴に入れた指を上下に動かし、反対側の手で持った紙を、手と腕を動かして切ります。折り紙では、角と角を合わせるために指先でズレを調整してしっかりと折ります。生卵を割るときには、手や指先の程よい力加減が必要です。このように手や身体のわずかな動きを調節し繰り返すことにより手先や身体の動きを習得していくことができます。

　**発達性協調運動障害**　子どもが細かい手先の動きや運動が苦手な場合、発達性協調運動障害（DCD）の可能性もあります。その場合は、大人が無理やり教え込もうとすると逆効果となり、子どもの自信を奪い、意欲を失わせることにもなりかねません。正しい理解を深めて支援につなげていくことが求められます。

大﨑利紀子

# 自慰行為をする

　幼児の自慰行為は、爪かみや指しゃぶりと同じようにこの時期にみられるくせの一つで、性器いじりともよばれます。親はとまどいますが、適切な対応を心がけることで必要以上に心配することはありません。

　**自慰行為とは**　自分の手や道具を使って性器を刺激し性的な快感を得ることをいいます。幼児の自慰行為は、単に気持ちがいいから触るというもので思春期以降の性的な意味とは異なります。自慰行為をする子どもは決してめずらしくなく、女の子に多くみられるといわれています。きっかけは、遊んでいる時などに偶然性器がテーブルなどにあたり、快感を味わったなどがあげられます。

　**無理にやめさせる必要はない**　さらに快感を求めて股をこすりあわせる、床に性器をこすりつけるなどの行為もみられるようになります。大人はどうにか止めようとしたり、逆にどう声をかけていいか悩んだり目をそらしてしまう場合もあります。

　**無理にやめさせる必要はありません**　無理にやめさせようとしても難しいものです。子どもは叱られてもその理由がよく理解できませんし、叱られることで性に対する罪悪感が生まれてしまうことも考えられます。

　**声かけの工夫と適切な対応**　性器に触ることははずかしいことだと子どもなりに意識している場合が多いようです。「人前ではやらないようにしようね」や「手をきれいにしてから触ろうね」などの声かけをし、自慰行為そのものを悪いことと否定しないことが大切です。思いきり体を動かし、熱中して遊べる機会を増やすなど別のことに気をそらしていくことも有効です。一方で、性器が炎症を起こし、不潔にしたことによってかゆみなどがある場合は、必要に応じて医療機関を受診されることをおすすめします。

瀧口　綾

# 無鉄砲

　大胆で冒険好き、自分が少しでも興味関心のあることには一直線に飛び込んでいき活発に行動する子がいます。大人からすると元気があり、楽しそうにしているのでとても子どもらしいと感じます。しかし、集団の中でその行動が危険なことであったり、相手の気持ちを傷つけたりすることになる場合があるので、ルールを守ることや我慢することも覚えさせていきます。

　**危険なことや法に触れることは気をつけましょう**　幼児期ではやりたいことがあると、危険な場面でも歯止めがきかず、飛び出したり遊具を乱暴に扱ったりするときは、「これはだめ、こうしなさい」などと注意しても子どもの心には響きません。子どもと一緒にどんな状況が危険だったか具体的に振り返ります。そして、今度はどんな対策があるかを考えて励ましてやることが大切です。

　**集団の中でルールを守れるように**　例えば、遊びたい気持ちが強すぎて、廊下を走って、上履きを乱暴に脱ぎ捨てて園庭に出てく子どもがいます。園庭では約束を守って安全に三輪車に乗り、大満足といった場面では、指導者や大人たちは、まずは今の満足しているその気持ちを共有します。次にそこに至るまでで気をつけることがどんなことがあるかを一緒に振り返り気づかせてやります。「自分で考えてみて」と言葉だけかけても、子どもは自分の突発的な行動を振り返ることはできません。何か注意されて嫌だなとか、とりあえず謝ればいいかと、ズレたままの体験として覚えてしまいます。そうすると、学童期や青年期になっても自分勝手な行動を繰り返してしまい、トラブルに巻き込まれることもあります。幼児期の根気強い大人の言葉かけで、自分の感情や行動をコントロールできる大人へと成長できます。

橋本英子

# 知りたがり

　赤ちゃんは生まれもった好奇心と探究心がいっぱいです。さまざまな感覚をフル回転してこの世界を知ろうとします。視覚や聴覚、手の運動ができるようになると気になる物は手をのばしてつかみ取ります。素材、大きさ、形など直接触れて感じとり心地よさを確認します。

　生後6ヶ月頃から、単語を覚えます。2歳頃までに、単語と単語をつなげて発語するようになります。3歳児になると更に言葉を理解して好奇心旺盛になり、初めて見るものや感じた事すべてが「不思議」かつ「知りたい」という興味の広がりの時期です。「これなに？」「どうして？」と答えを求められた大人は、その質問の正解がわからなかったとしても面倒がらずに丁寧に向き合ってやることが大切です。質問することによって、大人に認めてもらいたいという願いもあります。

　**世の中の不思議さに気づく**　6歳頃には更に知的好奇心が高まります。質問しどういうことなのかを納得するまで盛んに追求してくるようになります。数字や文字の関心も一層高まるので、質問の内容も大人顔負けになります。「何度も言ったでしょ」と言わず、子どもの発達のプロセスに根気よく付き合ってやりましょう。

　**言葉の発達には個人差があります**　「○○ちゃんはいっぱい質問してくるのに、うちの子は他のことに関心がなく質問してこない」と悩むことがあると思います。そのような子は言葉で表現することが苦手なだけで、知りたいことはたくさんあるはずです。この場合は物事を直接体験させることによって目の輝きが違ったり、顔の表情が明るくなったりして、自分が秘めている好奇心を大人に伝えてくれる子もいます。大人や指導者側から声をかけて、その子のもつ探究心に気づいてやるようにしましょう。

橋本英子

# 友達を作る

　人は社会の中で生きていくために、多様な人々と関わりをもっていきます。幼児期は人と関わる基盤を形成する時期ともいえます。幼児期に「友達を作る」ということは、後の人間関係の形成に影響を与える経験となります。

　**人との関わりの発達**　乳児の頃は身近な大人（母親や父親）との心地よい関係を基本に人への信頼感を育てていきます。生後7ヶ月頃には「人見知り」がはじまり、身近な大人以外の人が声をかけたりすると不安になって泣いたりすることもあります。この頃から、人の顔がわかりはじめ、他人を意識できるようになっているのです。この行動は最近の研究によると、人に近づきたい気持ちと不安な気持ちが揺れている心理だといわれています。子どもは生まれた時から人と関わり、人との関係の中で育っていく存在なのです。

　**子ども同士の関わり**　入園する前にも、子ども同士で関わる機会があると思います。子どもは家族以外の人を意識し、年齢があがる過程でその行動は変化していきます。たとえば、2歳頃では友達と同じ空間で相互の関わりはないのですが、同じような玩具を使って並んで遊ぶ姿をみかけます。これは「並行遊び」と呼ばれます。その後、3歳を過ぎると友達と関わりながら遊びはじめるようになります。幼児期には、友達同士で仲良く遊ぶ経験だけでなく、けんかやいざこざなど、さまざまな葛藤を伴う経験もします。こういった経験の積み重ねを通して、友達との関係づくりが上手にできるようになっていきます。

　**大人の力を借りる**　幼児期の友達との関係づくりには、まだまだ大人の力が必要です。友達との関わりを通して育つ子どもを見守りながら、必要に応じて、サポートすることが大切です。

藤田久美

# きまりを守らない

　きまりを守ることは、人間関係を円滑にしてくれます。確かに流れに添うことは大切です。しかし、乳幼児期は大人の当たり前を理解するまでには時間がかかるのです。きまりの大切さや守る理由がわかれば、自然にできるようになります。

　**意識できるきまりごと**　「〜しなければならない」など義務や強制ではなく、肯定的な問いかけで説明するのも方法です。「このときは○○してみる？」「○○をお約束する？」「どうすれば良いと思う？」などの言葉かけをして、子どもに考える習慣が身につくようになれば、きまりを意識するようになります。習慣が身につくには時間が必要ですから、大人は焦らず子どもが判断できるように見守ります。

　**視覚や聴覚を使う**　子どもと一緒に食事をつくると互いの食欲が増すという経験はありませんか。きまりの内容のハードルを下げ、子どもと家庭内のきまりを決めて少しずつそれを守れるように促し、達成感を養います。きまりの内容は家族の誰もが分かるように、声に出して読んだり（聴覚）壁に貼ったり（視覚）して約束事を可視化するとよいです。もし、きまりが守れなかったら、諭していることが分かるような表情（視覚）で、声はトーンを下げて穏やかに（聴覚）その場で子どもに理由を聞き、守ることの大切さが分かるようにゆっくり丁寧に説明します。事前に守れなかったときの対処法を確認しておくのもよいです。

　**報酬と罰**　きまりを守れたら欲しいものを与える（報酬）、守れなかったら大人が指示して何かをさせる（罰）ことは、きまりの大切さではなく守るという行為自体に課せられたものになり、効果的ではありません。言われたことだけを無難に処理することが解決法だと勘違いしてしまいます。考えて行動できるように促すことが大切です。　　　　大賀恵子

# けんかしても仲直りができる

　幼児期に友達やきょうだいとの「けんか」はつきものであり、子どもはけんかやいざこざを通して、人との関わりを学んでいきます。幼児期にはおもちゃのとりあいなど、ささいなことでけんかをしますが、こういったことを通して成長していきます。

　**けんかは成長に必要**　友達同士のものの取り合い等にでくわしたら、「仲良くしなさい」「貸してあげて」等、いわゆるけんかの仲裁をしようとする親に出会うことがあります。こういった介入は本当に必要なのでしょうか。発達心理学では、子どもは、けんかやいざこざを通して、自分の感情に折り合いをつけたり、相手の立場に立って考えたりできる貴重な体験と捉えています。けんかの時は、相互に主張すべき思いをもっています。幼児期にけんかをして仲直りすることで、自分の思いに折り合いをつけます。泣いたり、悔しい思いをしたり、つらいことのように感じますが、成長のために必要な経験なのです。

　**大人の役割**　けんかは子どもの自然な姿と捉え、まずは見守る姿勢を基本としましょう。しかし、危険な状態になった場合は、けんかをやめるようサポートしてください。大人の役割は、子どもの思いを肯定的に捉えたうえで、身近な大人に自分の気持ちを伝えたり、理解してもらったりする経験を通して、気持ちに折り合いをつけることを学ぶのです。

　**幼児期を基盤として**　人は社会の中で生きる存在です。子どもが育つ過程で、けんかしたり、仲直りしたりすることを通して、人間関係を学びます。4、5歳頃には、人の気持ちが理解できるようになり、思いやりの心も育ってきます。幼児期は、人間関係づくりの基盤を形成します。この時期に、同年齢だけでなく年上や年下の友だちとさまざまな関わりを経験する機会をつくってやることが大切です。

藤田久美

# 我慢する

　我慢することは、子どもが自らの目的に向かって、自発的に感情をコントロールしながら、物事に取り組んだり、人と関わったりするなど、成長発達していく上で欠かせない経験です。子どもに育んでいきたいのは、他から与えられる圧力によって忍耐するというような受け身の姿勢ではなく、自らの目的に向かって、自発的に我慢することを選び取っていく力です。

　**我慢する力の基礎を育む**　我慢する力を育むには、日頃からスキンシップを図ったり、おしゃべりしたり、一緒に遊んだりするなど、親子の触れ合いを大切にしつつ、子どもの情緒を安定させていくことです。情緒が不安定であると、我慢することも難しくなってきます。また、子どもの願いや欲求は不必要に我慢させるのではなく、可能な限り叶えていくようにしましょう。我慢する力は、何かを要求したときに応えてもらえるという安心感や自らの要求を伝えようとする意欲を基礎に育まれていくものです。子どもは何かを要求することで、自分の気持ちを調整する経験をもしていくのです。

　**我慢する力を育む基本的な方向性**　子どもの願いや欲求が叶えられない場合は、子どもの思いに共感した上で、叶えられない理由を伝えます。大人にとっては当然なことであっても、未経験なことが多い子どもにとっては、その理由が分からないこともあるからです。その上で、待つ時間を具体的に伝え、子ども自身が見通しをもてるようにしましょう。待てたときには、その成功体験を認めます。また、子どもに何かやりたいという気持ちがあるときは、その思いを抑えつけるのではなく、子ども自身で気持ちを切り替えられるタイミングを捉えて、言葉をかけていくようにします。

小尾麻希子

# 行儀よくする

　行儀がよいとは、いつ、どこで、何をするべきか、周りにいる人達や状況を見て、その場に適した行動がとれることです。例えば、きちんと挨拶ができたり、食事の作法が正しくできたり、公共の乗り物に順序よく乗るなど、社会のマナーやルールを守れることです。

　**親の願いと不安**　親は、子どもに社会のルールを守り、マナーを身につけて欲しいと願います。それは、大人になった時に社会生活の中で人付き合いがうまくできて、生きるうえで困ることがないようになってもらいたいからです。でも、急いで教えようとすればするほど、逆に子どもが反発する姿を見て、不安にかられることがあります。

　**年齢に応じて行動できる**　親の話に耳を傾けて、ある程度自分をコントロールできるようになるのは、4歳くらいからです。その頃になると、だんだんと周りの人の気持ちを考えて行動がとれるようになってきます。そうなるには、親子の信頼関係がしっかりとできていることが大事です。子どもの気持ちが安定していると、親の言葉を素直に受け入れ、自分で考えて、行動にうつすようになります。

　**家庭の中から子どもに伝える**　子どもは、親の姿を見ながら真似して育ちます。生活の中で伝えていきたいことを、親が子どもと一緒に行動しながらゆっくりと見せていきます。「おはよう」「いってらっしゃい」「おやすみなさい」などの挨拶も子どもの顔を見て笑顔で言うと、子どもも同じように言いたくなります。まず、家庭生活の中でマナーやルールを子どもに伝え、家族が互いに気持ちよく過ごします。そして、きちんとできたらたくさん褒めて、子どもの心を温かく、思いやりのあるものにしていくことが大切です。日々の生活習慣を積み重ね、長い目で子どもを見守っていきましょう。

大﨑利紀子

# 外遊び

　子どもが自由に遊ぶためには、三間（時間・空間・仲間）が必要です。しかし、どんどん三間が減り、現代の子どもは昔のように遊べなくなってきています。こうした環境は、子どもから遊びを奪うだけでなく、子どもの内面にも影響を与えています。ここでは外遊びの特徴を紹介します。

　**基礎代謝が上がる**　基礎代謝とは、心臓が動く、呼吸する、血液が循環する、体温を維持するといった生命活動に最低限必要な代謝のことです。太陽の光を浴びながら遊ぶことによって基礎代謝が上がります。基礎代謝が上がると、体温も高まり、免疫力も向上します。

　**感性が磨かれる**　外遊びをすることで、四季や気候の変化を肌で感じることができます。また心地よい風を感じたり、色とりどりの花を愛でたり、鳥や昆虫の鳴き声に耳をすませてみたりすることで五感が刺激され、子どもの心が豊かになっていきます。直接体験が減ってきている現代だからこそ、自然と関われる機会を確保したいものです。

　**多様な動きを身につける**　人間の基本的な動きは36種類に分類できます。例えば、「回る」「起きる」「立つ」などです。これらの動きが基本となって、複雑な動きを支えています。外遊びを通して多様な動きを身につけることができます。多様な動きを身につけることで、けがのリスクも軽減されます。

　**積極性・協調性が育つ**　外遊びは、室内遊びと比較すると自由度の高い遊びです。子どもは自然や遊具との関わりから、遊びを創り出していきます。自発的な活動だからこそ、積極的に考え動くことができます。また、同じ場所や遊具を共有する場面では、「待つ」「譲る」といった判断が自然と求められるので、協調性も養われます。　　　　谷本久典

# 室内遊び

　室内遊びというと、ゲームやビデオ視聴のような受動的な遊びをイメージしがちですが、広い空間での外遊びにはない効果があります。

　**集中しやすい**　室内は限られた空間なので、屋外より刺激が少なく気持ちが分散しにくいため、集中しやすい環境といえます。絵本を見たり、パズルをしたり、といった集中力や想像力、考える力などを養う遊びに取り組むには良い環境です。自宅では、テレビやビデオは消します。子どもだけで遊んでいる時でも、大人は見守っていることが必要です。子どもは時々大人に視線を向けることがありますが、その時に目を合わせうなずくことで、子どもは安心して遊びを継続することができ、集中力が持続します。その時に大人がスマートフォンを見ていると、子どもの意識はスマートフォンに向かい、遊びが終わってしまうことになります。

　**遊具を出しすぎない**　室内とはいえ全く気が散らないわけではありません。集中できるように、椅子に座って取り組んだり、使う遊具を限定したりすることも必要です。ブロック遊びは室内遊びの代表ですが、何種類ものブロックを出したり、他の遊具も一緒に出したりすれば、ごちゃごちゃとした状態に感じ、遊びが雑になり集中も持続しません。ままごとでブロックを食べ物に見立てる、といった意味のある使い方をする場合は別として、何種類もの遊具が広がってしまわないように環境を整えてやることも大切です。

　**手指の巧緻性を養う**　折り紙や工作、ブロック遊びは、手指の巧緻性を養うのに適した遊びです。どの遊びも、左右の手が別々の動きをする協応動作なので、脳を十分に働かせることになります。子どもには毎日のように経験させて欲しい遊びです。手指が自由に使え、自分の思い通りの物が作れると、大きな達成感も味わえます。

髙橋弥生

# 自然の中での遊び

　自然の中での遊びは、日常生活では味わえないものがたくさんあります。昆虫採集・川遊び・ハイキング・紅葉狩り・雪合戦など、どれも子どもにとっては楽しい遊びです。さらに、自然遊びは四季ごとに変わっていきます。これもまた自然遊びの魅力の一つです。自然体験で得られる特徴を知ることで、存分に自然遊びを体験させてください。

　**自信がつく**　自然遊びは非日常、つまり新しいことへの挑戦でもあります。自然体験の中で、難しかったことやできなかったことが自分なりにできたという経験を通して、自信を身につけていきます。挑戦が多い分、失敗も増えます。失敗が続くと、意欲が低下してしまいます。少し頑張ればクリアーできる程度の課題を、大人が設定してやることも大切です。

　**判断力が身につく**　大人でも冷静に物事を判断して決めるには、それなりの経験と勇気が必要です。子どものうちから遊びを通して、自分で判断して決めるという経験を多く積ませることが大切です。トライ＆エラーを繰り返していくことで、その力が身についていきます。適切な判断をした場合は、褒めてやります。判断が間違っていた時は、叱るのではなく、まずは理由を聞いて、一緒に振り返りをします。子どものすべきことはトライ＆エラーであり、大人がすべきことはウォッチ＆フォローです。

　**環境保全への意識が芽生える**　体験の中で、自然を肌で感じることができます。ただ感じるだけでなく、子どもは自分なりに環境に対する価値観を創り出そうとしています。また、生き物採集では生命の尊さや保護の精神を学ぶ機会でもあります。適切なタイミングで大人が声かけをすることで、環境保全への意識が芽生えてきます。　　**谷本久典**

# メディアを利用した遊び

　テレビ、ラジオもメディアですが、1990年代にマルチメディアと呼ばれていたメディア、ネットを介して相互接続されるメディアが、現在主流となっています。近年は、幼児向けのスマートフォンアプリの開発が盛んです。無料で利用できるものもたくさんあります。ひらがなや英語、図形に親しむ目的で作られた知育アプリだけでなく、ゲームアプリも多くが開発・提供されています。

　**応答性の高いスマホアプリも**　スマホアプリは、子どもの動作・反応に即座に応答する適時性を備えているため、テレビの視聴のように、一方的な受動的状態に置かれることは少ないでしょう。スマホアプリの中には、子どもの行動、声に敏感に反応する応答性が高いものもあり、一括して否定されるべきものではありません。親が、スマホで遊ばせる目的をはっきりと意識化し、その目的から逸脱する使用をしないよう配慮することが大切なのです。それに対して、「何となく」「暇つぶしで」スマホ遊びをさせるというのは好ましくありません。

　**メディア依存は遊びの幅を縮める**　ただ、メディアの遊びを長い時間するとなると、子どもたちは外遊びなど全身を活発に使った運動をする活動の機会を失うことになりかねません。スマホ以外の遊びも、同時に子どもに保障していくことが大切です。遊びの偏りは、子どもの体験の多様性を損ねてしまいます。スマホなどのメディアを利用した遊びに偏っていると思われるときは、スマホでの遊び以外に、子どもの好奇心や注意を向け変える工夫をしてみましょう。子どもが好むスマホでの遊びに関連する、他の遊びを提案するのもよいでしょう。スマホ視聴以外に、子どもの興味を引く素材や対象は何だろうか、と考えてみるきっかけを持ってみてはどうでしょうか。

吉田直哉

# 遊びの効用（役割）

　子どもは、「遊び」を中心とした生活を過ごしています。遊びを通して自然とさまざまなことを身につけ、精神の安定にもつながっています。

　**身体・運動・体力の発達**　遊ぶことによって、走る・跳ぶ・登るといったダイナミックな動きや、指先を使って折る・切る・描くといった細かな動きを習得することは、各々の筋肉を発達させるだけでなく、運動神経や身体の諸機能の向上につながります。また、運動遊びの場合は、子どもが興味にのって長時間遊ぶため体力も発達します。

　**知的発達**　同時に、遊びの中で五感を働かせることは、知識の獲得や創造力の発揮につながります。時には、どのようにしたらうまくいくだろうか、よりよいものになるだろうかと頭を悩ますこともあるでしょう。そのような体験も、集中力や発想力、想像力を育み、今後の成長の基盤となっていきます。

　**社会性の発達**　友達との遊びを深めていくことは、コミュニケーションの学習にもなっています。例えば、「ごっこ遊び」は、なりきる対象の動きや言葉を真似たり、想像を膨らませながら演じたりすることで、さまざまな気持ちを経験することができます。つまり、なりきること自体が楽しく社会性を育む一つの手段となっているのです。時には、すれ違いや思い違いからけんかになるかもしれません。それでも、友達の考えを受け入れたり自分の考えを相手に伝えようとしたりすることは、協調性や思いやりの精神が身についていくことにつながります。

　**精神衛生面の健康さ**　遊びは精神緊張を発散させ、情緒的な安定をもたらします。子どもは自由に遊ぶことによって情緒の緊張が解消され、精神面での健康を得ることができます。この効用は心理療法の中に遊びを利用した遊戯療法があることからも理解できます。　　　　濱野亜津子

# 友達と遊ばない・遊べない

　子どもが友達と仲良く遊んでいる姿をみると安心しますが、逆に一人で遊んでばかりいると心配になってしまうものです。友達と遊ばないのはなぜなのでしょうか。まずは、時期的なことが考えられます。3歳まではひとり遊び、傍観的遊び、並行遊びが中心であり、友達と協同で遊ぶことはあまりしません。ひとり遊びは、自分の世界に入り込んで遊びこみ、想像力や思考力を育んでいるといえましょう。傍観遊びは、他人が遊んでいる様子を見て自分も遊んでいる気持ちになっている遊び方です。遊びには参加しませんが、他の子どもへの関心が芽生えるきっかけにもなるでしょう。並行遊びは、他の子どもの近くで同じことをしていますが、協調することはありません。しかし、近くで遊んでいる子の真似をしてみたり自分と比べてみたりしながら少なからず影響を受け合っています。こうした遊びを経験しながら、友達と一緒に遊ぶ組織だった遊びが中心的になり協調することが可能になっていきます。

　**興味・関心、性格の反映**　時期を過ぎてもひとり遊びがなくなるわけではありません。個人差があり、興味・関心があることをひとりでじっくりと取り組みたい子もいます。無理に友達との関わりを持たせようとせず、ひとり遊びの時間を満足できるように見守りましょう。また、はずかしがり屋でなかなか友達の中に入れない場合もあります。大人が一緒に遊びの中に入る等仲介をして、友達と一緒に遊ぶきっかけをつくります。また、好きな遊びが同じ子や気が合いそうな子を紹介することで、友達との関わりが活発になることもあります。

　**さまざまな特性**　他人と過ごすことが難しい子もいます。程度はさまざまですが、他人に無関心であったり、パニックになるほど人とのコミュニケーションを取ることが難しかったりする子もいます。　**濱野亜津子**

# 友達に遊んでもらえない

どんな時に友達に遊んでもらえなくて困ってしまうのでしょうか。

「いれて」といったときに「やだよ」と返事が返ってくることがあります。「やだよ」と言われて友達に遊んでもらえなかった子は、しょんぼりして大人に助けを求めに来るでしょう。「やだよ」と言った子の話をよく聞いてみると、その遊びでの役がうまってしまったとか、遊びに使うモノを持っていないとか、その子なりの理由があるようです。このように、大人にはよく分からなくても子ども独自のルールが存在している場合があります。そのルールに外れていたり、破ってしまったりすることで遊んでもらえないことがあります。

**自分で意思決定する**　ルールを知ることで解決できることもありますが、知っていても理解できなかったり実行が難しかったりという場合もあります。大人は、遊んでもらえなかった子に対して、仲間に入りたいときは適応できるようにすることや、あきらめて他の友達とまたは一人で遊ぶといったように方向転換することを提案し、自分で意思決定できるように導くことが必要になります。こうした考えを積み重ねていくことで、自分というものを確立していくことになるのでしょう。

**大人が仲間外れに関わること**　しかし、どんな理由であれ誰かを仲間外れにすることはよいことになりません。ここで、仲間外れにした子に大人がどのように関わるかが大きな意味を持ってくるのです。明らかに自分勝手な理由をつけているときは、はっきりと違うということを示すことも必要ですが、まずは話を聞いてみましょう。対話をすることで、自分の行動を考えさせるきっかけになります。このとき、仲間外れにした子だけでなく、傍観している子達もそのやり取りを見聞きしながら自分なりの考えを深めていくことにもなります。

濱野亜津子

# いじわるをする

　いじわるは、人との関わりの育ちと、共感する力の不足によって生まれます。子どもは家族や友だちとの生活経験から人との関わり方学んでいきますから、トラブルは成長の糧であるともいえます。

　**叱る目安を考える**　子どものいじわるは、「子どものすることだから（大目にみよう）」といえる場合ばかりではありません。いじわるの感じ方には個人差があるので、どこまでが許せる態度でどこからが叱るべき、という目安を作るのは、難しいことですが必要な事です。

　**してはいけないを教える**　いじわるな行動が意識的か無意識か、とは別に、「それはいじわるだから、してはいけないことだよ」という大人からの働きかけは必要です。子どもは自分のやったことの良し悪しを周りの人の反応から学びますから、身近で信頼関係のある大人が子どものいじわるを見抜くことで、子どもは「してはいけない」ということを学ぶのです。

　**子どもの思いを読み取る**　罰するという対応だけでは、子どものいじわるくせは直りません。相手の嫌がることをする子どもの「したこと」の陰に、どんな思いがあるのかを見守り、読み取ることが大切です。いじわるな子が、普段から自己中心的なのか、どんな場面やどんな相手にいじわるをしがちなのか、ストレスのタネを抱えていないか、子どもが自分でもよくわかっていない心の動きを、大人の目で読み取ることから、関わり方のヒントが見つかります。

　心の幼さからわがままを人に押しつけているのか、社会性の芽生えが人の優位に立ちたいという気持ちにつながっているのか、満たされないことがあって苛立ちを誰かにぶつけているのか、子どもの思いを読み取ることで関わり方が見えてくるはずです。

藤田寿伸

# 告げ口をする

　子どもたちは、いけないことをした友達の行動を先生に言いつけること、いわゆる「告げ口」をします。園児だけではなく、小学校低学年にもよく見られる行為ですが、「告げ口」なのかどうかは、相手を貶めるために悪口を言っているかどうか、が問題です。悪口ではなく、どうすれば問題が解決するのか、教師と一緒に考えるのであれば「相談」と言えるでしょう。

　**幼児の発達と課題**　文部科学省は、小学校低学年の時期を「大人がいけないと言うことはしてはならない」といったように、大人の言うことを守る中で、善悪についての理解と判断ができるようになる時期と位置づけています。幼児期も同様で、集団や社会のルールを守る態度など、善悪の判断ができるように育てることが重要です。

　**告げ口への対応**　小学校低学年で、告げ口をする子どもは、他者の行為で嫌な思いをしたときに、どのように対処していけばよいのかについての行動レパートリーが少ないといえます。そのため身近な大人の助けを求めることこそが、この時期の一般的な対処方法となります。

　**告げ口と報告・相談の違い**　大人は「告げ口」か「報告」や「相談」なのかを見極める必要があります。その上で子どもの心と言動を受け止め聴くのです。受容されたという実感が問題解決への励ましになります。子どもが大人になんでも報告してよいのか、どんな時に大人に報告すべきなのか、仲間同士で解決すべきなのかを考えるヒントを大人が提示することも重要です。そうしなければ、子どもはどんなときに報告するのか、わからないまま時を過ごすことになります。園と家庭では対処法が違いますが、基本的には、問題に突き当たったとき、解決しようと自分自身で考える姿勢を育むことが大切です。

福田真奈

# 年下の子とばかり遊びたがる

　年上の子からやさしくしてもらった経験があると、自然と年下の子へ
の接し方もやさしくなります。年下の子ができないことをしてやり自分
が役に立っているという喜びや嬉しさも感じることができるでしょう。
相手への労りや思いやりといった感情も育まれます。異年齢の関わりは
とても大きな意味があるといえます。しかし、善意でやっていることが
やり過ぎてしまいマイナスに働いてしまうこともあります。年下の子に
とっては、少し手を借りれば自分でできるようになることを全て先回り
されることになり、結果的に、成長する機会が失われてしまいます。大
人が、その子のやさしい気持ちを尊重しつつやり過ぎないように言葉か
けしていく必要があります。

　**能力的な差**　能力的に差があり、年下の子との方が共感しやすいため
に一緒に遊びたがることもあります。学年で区切っていると、早生まれ
の子ども達は同学年の4〜5月生まれの子よりも、一つ下の子たちのほ
うが近い感覚をもっているはずです。このような場合は、無理に年下の
子から引き離さないほうが社会性が育まれることもあります。

　**意思疎通が苦手**　同年代の子達と衝突することが多いと、自分の意思
を通すことができる年下の子と遊びたがる子もいます。相手の感情に気
づきにくかったり見誤ったりしがちで、コミュニケーションをとること
が苦手なために問題が生じやすい場合があります。大人が仲介役となり、
簡潔に相手の気持ちを言葉で説明したり、見誤っていることを訂正した
りすることで、落ち着いて同年代の子とも遊ぶことができるでしょう。
相手の気持ちを読み取るコツを学んでいくことは、社会で生きるために
とても重要となります。しかし、苦手な人もいる事実を多くの人が知る
ことも必要なのかもしれません。

濱野亜津子

# 一人遊びをする

　手先が動かせるようになると、一人遊びが始まります。自分の内面世界を広げる大切な時間です。大人から見ると、ただ玩具をいじっているだけのように見えますが、子どもにとっては立派な遊びなのです。存分に一人遊びに浸らせてやってください。

　**集中力が身につく**　一人遊びは集団での遊びと違い、周囲と協調することを求められません。一心不乱に自分の好きなように遊びを創っていくことができます。その過程を通して、子どもは集中力を身につけていきます。また、その集中力が他の場面で生かされることもあります。

　**思考力が身につく**　一人遊びは、ゼロベースから遊びを考える必要があります。ここが集団遊びとの決定的な違いです。遊びに関する全ての決定権が子どもに委ねられています。どの玩具を使うのか、それをどのようにして使うのか等々、数え上げたら切りがないほどの意思決定が求められているのです。これらの連続した意思決定には、必ずその子なりの思考が伴っています。意思決定を繰り返すことで、自立心も芽生えてくると思います。

　**想像力が身につく**　一人遊びをする子どもの頭の中には、その子にしか見えない世界が広がっています。その世界を大人が理解するのは決して容易ではありませんし、理解する必要もありません。ただ子どもの創り上げた世界に共感してあげればよいのです。共感してもらった子どもは、さらに想像を膨らませながら遊びを進化させていきます。

　**大人ができること**　最大限子どもが享受するためには、子どもを安心安全な所で遊ばせ、いつでも子どもの反応に応えられる所で活動を見守ることが大切です。子どもが、「ねぇ、見て」と言ってきたら、遊びに手応えを感じている証拠です。

谷本久典

# 相手の痛みがわかる

　他者の苦しみに直面した時に引き起こされる感情として、他者の苦しみによって自分自身が苦しくなり、自分の苦しみを和らげることに向かう「個人的苦しみの感情」と、他者の苦しみに同情的で、配慮や援助することに向かう「共感的心配の感情」の２種類の感情があると言われています。

　**思いやり─共感─**　私たちが日常的に使う「思いやり」に最も近い概念は、心理学では「共感」と言われています。「共感」とは態度や表情、言動などから、他者が感じている感情を理解し、相手の気持ちを、わがもののように感じ取ることです。共感は、喜怒哀楽すべての感情に対して当てはまります。

　**叱っても怒っても、相手の痛みはわからない**　力による子育て、つまり、罰、怒鳴る、物理的に子どもを移動させたり行動を禁止したりすることで、相手の痛みがわかるようになるわけがありません。また子どもに愛情を示さず、怒ったり、失望したり、非難をあらわにし、子どもとの関わりを拒否しても、結果は同じです。相手の痛みがわかるとは、相手の立場に立ってものを考え感じることだからです。

　**他者の立場に立つためには**　叱ったり怒ったりするよりも、相手の立場に立つことができるように促すことが重要です。よく「自分にされたら嫌なことは人にはしない」ことが肝要と言われます。つまり、相手の立場に立つとは「もし自分が相手だったら」と、自分と相手を置き換えて想像することです。幼児にとって、相手の立場に立つことが難しいのは、自分と相手の立場を入れ替える作業を、頭の中・心の中で行わなければならないからです。急ぎすぎると失敗します。焦らず、相手の痛みがわかるように実感させることが大事です。

福田真奈

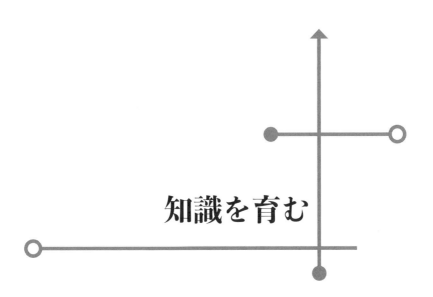

# 知識を育む

# 早熟

　子どもの中には、早熟な子ども、いわゆる「ませて見える」子がしばしばいます。

　**薄っぺらな振る舞い**　「ませている」というのは、子どもらしさを感じさせない立ち振る舞いや言動から感じられる、年齢に不釣り合いな印象のことをいいます。例えば、妙に冷めた考えを口にする、大人顔負けの細かな知識をひけらかす、自分の外見を過剰に意識する、などです。ただ、これらの早熟さは、表面的なものに留まっていて、中身を伴わないことがあります。大人びた言葉の言い回しをするわりに、その言葉の中身に対する理解が空虚だというようなことがあります。

　**大人からの期待に応えている**　早熟にみえる振る舞いは、その子どもが、周囲の大人の期待に応える中で生じてきているものだと考えられます。子どもは、早熟なように振る舞うことで、「早く成長してほしい」という周囲の期待に応じようと努力しているのであり、それによって、自分を守ろうとしているとも考えられます。早熟であること、ませて見えることは、子どもが子どもらしい甘え、無邪気さを見せることを、周囲の大人たちが歓迎していないことに対する、子どもなりの対処であるとも考えられます。

　**子どもが子どもらしく過ごせる時期を大切に**　子どもが「大人に近づいていくこと」「早く成長していくこと」が絶対的に良いことだという親や周囲の大人の価値観が、子どもから「子どもらしく過ごす子ども期」を奪ってしまいかねないということを、常に気に留めておきたいものです。発達というのは、ゆっくりであっても確実に伸びていくということが大切なのであって、中身をおろそかにした「促成栽培」へのこだわりは、単に大人の見栄に過ぎないことがよくあるのです。　　　吉田直哉

# 知的発達の遅れ

　親にとって、子どもの知的な発達が順調で、周囲の子どもよりも早ければ安心し、あるいは喜び、遅れていると不安になるということは当然でしょう。子どもの知的発達には大人からみて見えやすいものとそうでないものがあります。最も親の関心を引くのは言葉の遅れ、特に発話の遅れでしょう。子どもの初語（はじめて話す言葉）は満１歳の頃に見られますが、個人差が大きく、数ヶ月の「遅れ」を過剰に心配する必要はありません。言葉の現れが周りの同年齢の子どもより遅かったとしても、その「遅れ」は、いずれカバーされ、追いつきます。日本社会では特に、発達が周りよりも「早い」ことが賞賛される傾向がありますが、スタートダッシュが早かったとしても、初めの頃の無理が原因で、途中で息切れしてしまうようでは本末転倒です。

　**さまざまな能力のトータルな育ちを**　子どもの能力には、空間認知能力、言語能力、数学的能力、音楽的能力など、さまざまな側面があります。そのうちの特定の能力だけを伸ばそうとするドリル的練習・学習は望ましくありません。日常の遊びや生活の中で、頭と心、身体を総動員することで、総合的に知的な力が伸びていくのが幼児期の発達特性の特徴だからです。子どもにとって、「遊びは学び、学びは遊び」なのです。

　**障害による遅れも**　個人差以外に、障害による遅れがあります。知的発達の遅れのうち、発達障害に分類されるのが、知的障害（精神遅滞）です。知的障害の診断は、次の三つの条件が満たされた場合になされます。①知能検査で測定される全般的機能が平均以下、②日常生活上の適応行動が年齢相当の行動基準よりも明らかに低い、③18ヶ月未満に発症している。IQ70〜85程度の軽度知的障害の子どもは、周囲から、おとなしく幼い子どもという印象を持たれる場合があります。　　**吉田直哉**

# 幼児の才能と適性

　才能は人間の能力のある側面を表す言葉の一つです。才能の分野は語学、数学、音楽、美術、運動などさまざまありますが、絶対音感や外国語の発音など、幼い時期ほど身につきやすいとされる能力もあります。また適性とは一般に、何かある分野に対する向き・不向きを指します。

　**才能・適性と努力**　適性は必ずしも生まれながらの素質ではありませんが、才能は、生まれつきの素質としての能力を指す場合が多いものです。しかし適性も才能も、努力なしに花開くことはほとんどありえません。つまり適性・才能は、努力を伴って開花するものですから、両者と努力を、はっきりと切り分けることはできないのです。

　**才能教育**　「早期教育」とほぼ同じ意味に用いられることが多いですが、「才能教育」と言われる場合には、一般的に、芸術面、運動面、学習面などに優れた資質を持っている子どもに対して、早い段階で適切な指導や訓練をして、その才能、能力を伸ばそうとする教育のことを言います。先に述べたように、絶対音感など、幼い時期にしか身につかない能力があります。このこともあり、乳幼児からの教育の必要性が提唱されています。具体的には、鈴木鎮一（1898～1998）によるバイオリン教育、石井勲（1919～2004）による漢字教育などが比較的有名です。

　**子どもの意思や興味を尊重することの大切さ**　才能教育は、その教育の費やす時間の多さのために、他の活動をする時間を失い、子どもらしい生活を奪う恐れがあります。また周囲の大人の過度の期待や訓練によって、過度の心理的負担を科して、知的好奇心や学ぼうとする意欲をそいでしまうことも考えられます。子どもの意思や興味を尊重しながら、結果にとらわれ過ぎず、学ぶこと自体に興味・関心を持つように促していくことが重要です。

福田真奈

# 文字、数への関心

　文字の読み書きが、小学校入学までにできるようになることを望む保護者は多いものです。2017年の幼稚園教育要領第2章ねらい及び内容における「言葉」では、「日常生活の中で、文字などで伝える楽しさを味わう。」と書かれており、実際に文字を読み書きする必要性は明記されていません。つまり幼児期の文字指導は慎重にすべきです。指導するとすれば、幼児の個人的な要求に応じたものにすることが肝心です。

　**子どもは思いを伝えたい人に言葉を発する**　子どもは誰にでも言葉を発するのではありません。言葉を獲得する過程において、自分が愛し、そして自分を愛する人の言葉を通して自己の言葉をつくっていくのです。子どもたちは日常生活の中で文字にかかわる活動を見て、参加することによって、自然と文字を習得しています。つまり子どもが文字を読み、書く能力があるからといって、いたずらに文字指導をしていくことには注意が必要です。子どもの生活経験を通して、文字に対する興味・関心を培っていくことが重要です。

　**数唱の発達**　近年の研究によれば、乳児であっても、3つ程度のものの数を認識できるとされています。子どもは早くて2歳前から数を唱え始めます。子どもは日常生活の中で単に数を唱えることができるだけでなく、覚えた数詞を事物に一つずつ対応させることで、その事物がいくつあるのか見出すことができるようになります。

　**文字や数に触れる機会**　他の子どもと比較して、わが子の育ちが遅れているように見えると心配になるのも当然です。しかし幼児教育では、文字や数の学習を目的とした指導は、強制的にできるものではありません。文字や数への関心を引き出すためには、生活の中で自然なかたちで、文字・数に接する機会を設けることが重要です。

福田真奈

# 早教育と早期教育

　優秀児や天才児のような極めて優れた知能や、特殊な才能を持っている幼児に対して、早い時期から高度な知識や技能を身につける早教育は、良く知られています。

　**早期教育とは**　早教育、早期教育とは、広い意味では、乳幼児を対象にして、人生の早期に行われる教育を言います。しかし日本の社会現象というべき早期教育は「乳幼児期に従来考えているより、早く、難しい内容で、特定の知識や技能の習得を目指す」ものになっています。早期教育は、例えば文字の読み書き、数の習得、バイオリンなどの音楽教育、音感教育、スイミングなどの運動教育、障がいのある子どもたちの発達や学習を支援するものなど、さまざまあります。

　**早期教育を支える主な考え方**　大脳や脊髄などの神経は６歳ですでに成人の90％の重量を示しています。早期教育では大脳が急速に重量を増す乳幼児期こそが最重要な時期と捉えられ、乳幼児期に積極的に指導を行い、能力開発をすることで、学習を推進できるものとされています。

　**子どもへの影響**　早期教育は日本の園で積極的に行う場合や、保護者が幼児教室等で取り組ませる事もあります。早期教育自体は悪くはありませんが、始める時期や内容によっては、子どものためにならないばかりか、有害になるケースもあります。大人の過剰な期待に見合った結果が得られない際には、習い事の回数を増やし、本来の子どもらしい生活を奪い、子どもにストレスを与えるなど、心理的問題を起こす可能性も危惧されます。早くから教育すれば、子どもの才能が開花するのではないか、と期待するのも親心です。しかし幼児期には、遊び感覚で自由度が高く、子どもが主体的に取り組める活動が、子どもの力をより良く伸ばせるといえるでしょう。

福田真奈

# 体験的知識と法則的知識

　子どもは毎日の生活の中で色々なことを体験しています。大人と違い新しいことの連続です。その中には自分でやってみて初めてわかることがあります。生活の中での実体験から得られたスキルや発見、知恵はとても貴重で、そこから得られた知識は自分のものとなります。

　**人類が積み上げた山から学ぶ**　おそらく私たちの祖先も、こうして得た知恵や知識をひとつひとつ子孫に伝えていき、その結果、知識の大きな山が積み上げられました。しかし長い年月を経てその量が膨大になり、一人が一生のうちには学びきれない量になったため、それらを分け一般的な内容から専門的な内容に並びかえられて体系化されました。次にその知識の大きな山から必要性の高いもの、易しいものから学べるようにと内容が組み直されました。

　現在、学校や塾、本やテレビなどのメディアから得られる知識は法則的知識とよばれ、すべて過去の人々が直接体験して得たものです。しかし、それは今の子どもにとっては間接的な体験による知識となるのです。

　**体験的知識を増やすには**　朝起きてから夜寝るまで、日常生活を送るための基本的生活習慣は、就学時までにすべて自分でできるようになることがひとつの目標です。日々使うものも色々と工夫され便利になり、昔に比べあまり労力や知恵を使わずに毎日の生活を送ることが可能になりました。その結果、食事、排泄、清潔、着脱などの自立時期は遅めになりました。だからこそあえて生活の中で、自分の身体と頭と心を十分に使う直接体験を増やすことが必要になるのです。まずは何でもやってみる姿勢が重要です。もちろんうまくいかないこともありますが、そこから得られる学びこそが子どもの本当の知識となるのです。　岩城淳子

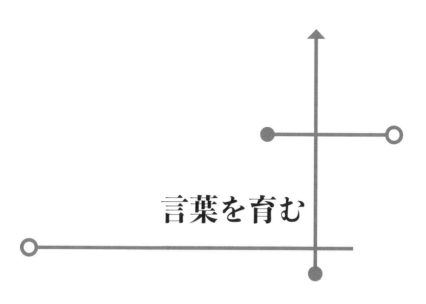

# 言葉を育む

# 挨拶、返事ができる

　挨拶や返事ができることは、人間関係を築く上でとても大切です。人間関係というと、大人社会かと思うかもしれませんが、子どもにもあります。就園前に身につけさせたいものです。

　**家族の間で挨拶を交わす**　挨拶や返事を身につけるためには、乳児の頃から家族の間で「おはよう」「おやすみ」「いってきます」「ただいま」「いただきます」「ごちそうさま」、それに対して返す言葉が交わされていることが必要です。なぜなら、赤ちゃんも家族の会話を聞いているからです。返事も同様です。名前を呼ばれたら返事をすることが家族間でできていれば、子どもは自然のこととして認識していきます。

　**身につく年齢には個人差がある**　まだ言葉が出ない年齢の子が、親の言葉に合わせて頭を下げて挨拶したり、名前を呼ばれたら手を上げたりして返事をすることもあれば、話せるようになる2～3歳の子でも、挨拶や返事ができないこともあります。家ではできているのに、場面によってできない場合は、緊張や恥じらいからかもしれません。その場から離れてから言うこともあり、緊張しているといかに言えないかがわかります。親の焦りや相手への気遣いから、無理に言わせる必要はありませんが、親はきちんと挨拶や返事をして、その姿を子どもに見せておくことは大事です。

　**使い分けをする**　挨拶や返事の仕方は色々あります。親しい間柄で交わすもの、目上の人や気遣いが必要な間柄で交わすもの等、時と場合によって使い分けをします。これが日本語の難しさですが、子どもは、親がどのような使い分けをするのかを見ながら育ちます。親が豊かな人間関係を築き、色々な人達と関わりながら子育てをすることが、大切といえます。

清水美智恵

# ありがとう、ごめんなさいが言える

　子どもは人との関わりによって情緒が発達し、善悪の区別がついていきます。大人の表情や場の雰囲気で行動の善悪を察知する年齢では、行動を起こしたその場で大人が少し誇張して適する言葉を示すことも効果的です。「言いなさい」と強要されて言う言葉に人の心は揺れません。

　**ごめんなさいを言わない理由**　「言わない」のではなく「言えない」のかもしれません。まず、謝る状況にある子どもの行動を観察しましょう。「ごめんなさい」は言わないけれども、状況を反省して直す仕草をしていたら、大人がさりげなく「ごめんなさい」と伝えることで謝り方を覚えていきます。子どもが相手をたたいた後、その部分にやさしく触れていたら「痛かったよね、ごめんなさい」と伝えて子どもの行動を見守りましょう。トラブルを把握して、何がいけなかったのか、その後にどうすればよいのか、その都度わかりやすく伝えることが大切です。

　**ありがとうはやさしい言葉**　「有難う」はめったにないという意味ですが、最近は感謝の気持ちを伝えるときによく使われます。子どもが言えないとしたら理由は何でしょうか。はずかしい、してもらうことは当然だと感じている、言うタイミングがわからない、言う習慣がない、なぜ言わなきゃいけないの？　など考えられます。言いづらい場合は大人が代弁して「ありがとう」と微笑んで相手に言葉を伝えましょう。やさしい雰囲気を感じる機会や気持ちを言える経験を重ねるのがよいです。

　**心が温まる経験を**　どちらも人間関係を円滑にする素敵な言葉です。コミュニケーションで情緒が発達すれば、気持ちを表わす言葉として使えるようになります。豊かな情緒が温かな言葉を生みます。自然に言える環境を作り「はずかしくて身近な人には使えない」という大人も、子どものお手本のために勇気を出して使ってみましょう。　　　大賀恵子

# 「はい」「いいえ」が言える

　子どもが生まれてから約1年近くは、子どもの全ての行動は親が決めています。しかし子ども自身が物事を理解するようになり、意思や要求が出てくると、子どもに聞いてその返事を求める場面も多くなります。「行きたいの？」の質問に対しては「はい」「いいえ」の2つだけでなく、「わからない」「まだ行きたくない」という答えもあります。それをどう言っていいのかわからずに黙ってしまう子どもも多いのです。それを言いやすいように大人から言葉を添えましょう。

　実は大人にとっても日本語の質問は難しいところがあります。「これは○○ですか？」には「はい、○○です」と答えます。一方「△△は来ていませんか？」という否定形の質問には「はい、来ていません」と答えます。英語は事実に対してのイエス、ノーで答えるのに対して、日本語は質問に対してのはい、いいえで答えます。

　**子どもの言葉の解釈**　例えば乗り物すべてを「ブーブー」、食べるものすべてを「マンマ」と捉えている時期もあれば、それぞれを「車に乗せて」や「ごはんをちょうだい」という要求として言っていることもあります。また「丸い」という共通の特性からボールもリンゴも電球も同じと解釈していることもあります。大きな括りからだんだん個々の特徴に気づき、それぞれの名前を理解していきます。

　**答えを待つ**　子どもが「はい」「いいえ」を言うのは簡単なことと思うかもしれませんが、上記のように大人とは違う認識で言葉を捉えています。過去のことを聞かれても、時系列がはっきり認識できていないと答えられません。それらを心得て、具体的な言葉をつないで子どもが答えやすい質問をすることが必要です。早く答えることにあまり意味はありません。子どもが納得して話す言葉が大切です。

岩城淳子

# 話が聞ける

　保育ではよく子どもへの「言葉かけ」という言葉を使います。子どもの発達段階に応じた適切な言葉選びも必要ですが、実は大人が子どもの言葉や言葉にならないつぶやきや思い、しぐさを受け取ることもとても大切です。子どもが発したことを大人が受け止めることが、言葉を育む第一歩になります。話を聞くということは、人の話を受け取るということです。言葉はその人の言いたいことを表現しているようで、感じていることや考えていることとは別の言葉を発している場合もあります。ですから言葉そのものだけでなく、その人全体の話をきく、耳を傾けるという傾聴や受容が大切なのです。

　**話を聞くためには**　子どもは生まれた時から言葉を使わなくても親とやりとりをしています。心地よいトーンやリズムの声を聞くことや微笑み合ったりすることは楽しいと感じています。最初は特定の人と１対１ですが、体を使うふれあい遊びや手遊びなど伝え合いを楽しみながら、問いかけと受け答えという順番があることに気づきます。積み木をかわりばんこに積んでいくという遊びも会話のひとつです。やがて絵本の読み聞かせなどで聞くことに集中する時間も増えていきます。

　**子どもからの質問と大人からの質問**　３歳頃からは「あれ、なあに？」「これは、どうして？」と子どもから質問が出てきます。それに対してはごまかさず、丁寧に子どもが納得するように答えましょう。大人も分からない時は「なんだろう？　どうしてかな？」と一緒に疑問を解決していきましょう。一方大人からの質問は気づかないうちに子どもが答えにくい質問をしていることがあります。「○○はどうだった？」などは返答に困るだけでなく、質問によっては責められていると感じることがあります。言葉かけと言葉受けを工夫してみましょう。　　　　岩城淳子

# 会話が楽しめる

　気のおけない人との他愛ないおしゃべりは楽しいものです。楽しくリラックスした時間の共有は心が通じて、伝え合う喜びを感じることができます。まして子どもとの会話は大人からやさしい気持ちも引き出します。会話は話し手と聞き手が交代しながら進みます。これは子どもにとっては思いのほか難しいことです。夢中になって自分ばかり一方的に話し続けたり、人の話に割り込んだりしてしまうこともあります。会話にはキャッチボールのように順番があり、言われたことを理解する、考える、相手の反応を見ながら言うという高度な能力を使っているのです。

　**おしゃべりしよう**　大人の中には「何を話しかけたらいいのだろう？」「子どもをあやすって何をすればいいの？」と思う人もいるでしょう。会話の土台は意外にも子どもの頃のふざけっこやくすぐり合いなど、お互いに思い切り笑い合える経験です。天気など自然の話題、些細な体験や発見などを通して相手と感情を共有することで、会話は弾んでくるのです。子どもと会話する中で無意識のうちに「わかっているから言えるはず」と思ったり、「お兄ちゃんなんだから」と決めつけていたりすることもあります。大人の勝手な思い込みには気をつけましょう。

　**言葉遊びを楽しもう**　言葉はまず耳から聞き口で話します。言葉遊びにはしりとり、なぞなぞ、さかさ言葉、回文、オノマトペ、早口言葉、唱え歌、数え歌、なぞかけなどがあります。やがて目で読んで手で書き始めます。絵本の中の指さし、かるた、パズル、なぞり書き、迷路、郵便ごっこのお手紙、お店屋さんごっこのメニュー書きなどです。聞く、読むは自分へのインプットで、話す、書くはアウトプットとなります。言葉を媒介に人と関わることが会話を豊かにし、コミュニケーション力を高めます。

岩城淳子

# 言葉づかいが悪い

　子どもの言葉の理解は、話しかけられることと生活経験の積み重ね、言葉と経験の重なり合いによって育ちます。自分に直接向けられた言葉だけでなく、身近な人が何気なく使っている言葉やテレビ、インターネットの中から発せられる言葉も、子どもは思いがけなくよく聞いているものです。

　**言葉環境に注意する**　言葉づかいの悪い子どもには、汚い言葉の意味をよく理解していないで「とりあえず使ってみた」という場合と、周りの人たち（大人や友達、メディアなど）がよくない言葉づかいに無頓着な環境にいるために「悪い言葉づかいが当たり前」と思ってしまっている場合があります。特にテレビ、インターネットやゲームの中の言葉づかいは、音や映像の刺激との相乗効果によって影響が出やすいので、注意が必要です。

　**よい絵本に親しむ**　きれいな言葉づかいを教えるためには、子どもの成長や興味に合った良い絵本を読み聞かせることが効果的です。子どもは、お話の世界にワクワクしながら正しい言葉の使い方を学ぶことができます。

　**相手を思う心を育てる**　言葉づかいの悪さは、話を聞く相手の気持ちを傷つけ不快にさせます。ときには思いを強く伝えようとして、言葉づかいが悪くなってしまうこともあるでしょう。「自分が言われていやな言葉を使わないこと」の理由を理解することが成長につながります。言葉を覚えはじめた子どもは、言葉がどんな場面でどのように使われるかによって、相手に違う印象を与えるということがよくわかっていません。言葉を使いながら、間違えながら、正しい思いの伝え方を学んでいく子どもをしっかり見守りたいものです。

藤田寿伸

# 自分の名前が読める

　生まれて間もない赤ちゃんでも繰り返し名前を呼ばれると、名前を呼んでくれている人のイントネーションから「はーい」と手を挙げて答えたりしますが、自分の名前だけでなく他の名前でも同じように返事をする時期があります。色々な場面で名前を呼ばれ、自分と名前の関係が理解できるようになると他者との違いも明確になり、自分の名前としての意識が強まります。

　**自分と名前の関係**　入園を迎える頃になると、自分の洋服や下着、持ち物や道具に自分専用のシールや絵、名前が記されていることから、シールや絵をもとに自分の名前が読めるようになり、物と自分の名前が一致して他のものと区別ができるようになっていきます。靴箱や道具棚、色々な場に名前が書いてあることから、自分の名前や友達の名前に気づいたりします。

　**絵本を通して**　繰り返し読んでもらう絵本に興味を持ち、文字への関心も高まります。絵本には多くの場合、簡単な文字から沢山並んだ文字などが書かれているので、その文字を読んでくれる大人の様子を見て同じように読んでみたいという欲求が深まります。大人が子どもと向き合って対話し絵本を読み聞かせる時間はとても大切です。

　**子どもを取り巻く文字環境**　いつも通る道に掲げてある看板等にも興味を持ち、自分の名前と同じ文字が書かれているのを見つけて喜んだりします。家庭・園・買い物の場・外出先など子どもを取り巻く環境が自然に文字への関心を高めていく等、子どもの身の回りに豊富に文字が置かれている環境があれば、自ずと覚えていきます。子どもは5歳くらいになると、ひらがなを一つずつなら読み、ほとんどの子どもが自分の名前が読めるようになります。

吉田美恵子

# 舌がまわらない

　舌の動きが滑らかでなく、物言いがはっきりしないことや、言葉が足りずに十分に言い尽くせていないことをいいます。舌が動きにくいと早口になり、滑舌が悪いとつっかえたり口ごもったりしてよく聞き取れません。そして聞き返されたりすると、よけいにあせって舌がまわらなくなり、舌を噛んだりします。

　**構造上の問題**　舌ったらずの人は舌の長さや筋力が普通の人と違うことがあります。特にサ・タ・ナ・ラ行は上の前歯の後ろに舌を押し付けて音を出すこともあるので、そこに舌が届かず舌を置いておく力が弱いと発音しづらくなります。これは子どもにもみられる傾向で筋力の発達と共に解消していきますが、成人になってもこの傾向が続く人もいます。子どもの舌ったらずへの接し方にも注意が必要です。例えば子どもが「さかな」と言っても人には「しゃかな」「たかな」などと聞こえます。可愛らしい響きなので大人が「しゃかな」と返してしまいがちですが、そうすると子どもの耳には「しゃ」と届いてしまいます。まずは「そうね」と発語自体を褒めましょう。正そうとして「しゃではないでしょ。言い直しなさい」などと言うと、発音ではなく自分を否定されたと感じてしまいます。自分では「さ」と言っているので、何を指摘されたのか混乱してしまいます。「そうね、さかな」と根気強く正しい音を聞かせましょう。また言い間違えをあえて訂正せずに「さかな、しゃかな、たかな」などと一緒に繰り返して言葉遊びを楽しむのもひとつです。

　**大人になってからできること**　歯並びや発声も少なからず影響があります。舌がまわらないと滑舌が悪く、人に正しく伝わらないことが多いので、表情豊かに口や唇をよく動かし、特に苦手な音を意識して発声してみましょう。加えて伝えたい意思を持つことも大切です。　　**岩城淳子**

# 言葉がはっきりしない

　子どもが意味のある言葉を発するようになる1歳前後からは「まんま」等の意味のある言葉を言うようになります。子どもが「わんわん」等の単語から「ブーブーきた」等2語文がでる1歳台後半頃から、言葉がはっきりしない、意味のある言葉が言えない等、言葉の育ちに心配を抱えることがあります。

　**2歳からの言葉の育ち**　2歳台では語彙も増えて、言葉をつなげて話をすることもできるようになるので、伝えたい思いがあふれて、はっきりしないと感じることもあります。3歳を過ぎたらずいぶん話が上手になり、言葉もはっきりするようになるでしょう。

　**言葉がはっきりしないと感じる時**　言葉がはっきりしないと感じるのはどんな時でしょう。たとえば、「さ」が「しゃ」になったり、伝えたい思いはわかるのですが言葉がはっきりしないので何を言っているかわからない等が考えられます。親はとても心配になると思います。中には、あまりに気にしすぎてしまい、言い直させたり、練習をさせたりする親がいます。この方法はあまりよいとはいえないでしょう。では、どのように考えたらよいでしょうか。

　**言葉は子どもからの大切な発信**　子どもの「伝えたい」という気持ちをキャッチして、丁寧に応答することが必要です。はっきりしない言葉であっても、「うん。うん」「〜って言ったの？」「嬉しかったね」といったように子どもの気持ちや想いを受容しながら、言葉で返していくとよいでしょう。

　**相談したい時**　言葉の発達には個人差があることも理解しつつ、あまり心配な場合は、かかりつけの小児科医師や保健センターの保健師に相談してみましょう。

藤田久美

# おしゃべりが多すぎる

　子どもは周りから言葉を聞き取り、話しかけられ、自分の経験と結びつけながら、言葉を自分のものにしていきます。

　自分の思いを伝える「言葉という道具」を手に入れることは、子どもにとってワクワクするような経験でしょう。

　**心の声がこぼれる**　私たちは誰かに向かって声を出して伝える言葉（外言）と心の中で考えをまとめるために使う言葉（内言）をもっています。成長に伴って外言と内言を使い分けられるようになりますが、言葉を使い始めた子どもはこれをうまく区別できません。思ったこと、感じたことがそのまま声に出てしまいます。

　子どものもう一つの特徴は、「伝えたい」という思いの強さです。一方、相手の思いを受け止める心の働きは十分に育っていないため、子どもによっては「おしゃべりが多すぎる」ということになります。

　**受け止められた実感を与える**　自分の思いが、身近な人に十分に伝わって「受け止めてもらっている」という安心感、充実感があれば、徐々に相手への思いやりの気持ちに意識が向くようになるでしょう。そのために日々の生活の中で少しの時間だけでも、おしゃべりな子どもの言葉を正面から受けとめ、「自分が受け入れられている」と感じる経験を作ってあげられたら、と思います。その上で、大人からも「聞いてほしいことがあるんだけど」と、子どもが人の言葉に耳を傾ける場面を作りましょう。

　**思いのキャッチボールをする**　言葉の役目は、自分の思いだけでなく、相手の思い、お互いの思いを伝え受け止め合うことにあります。人を思いやる気持ちが育ってくると、話すことと聞くこと、自我と社会性のバランスがとれるようになっていきます。

藤田寿伸

# 吃音
きつおん

　吃音とは、言葉の初めの音や言葉の一部を何回が繰り返したり、初めの音を引き伸ばしたり、また、最初の言葉が出づらく、力を込めて話すなど、滑らかに発話ができなくなる、どもる状態のことです。

　**吃音の原因**　吃音は言葉の発達が著しい2〜4歳頃に多く起こるといわれていますが、原因は特定されていません。ただし、進級当初や発表会の前に増大し、時間が経つと軽減してくるなど、吃音の症状には波があり、心理的側面も大きく関わっているといわれています。また、吃音の症状は、成長とともに改善されることも多いことから、症状の改善には、子どもの特性に応じた対応や生活環境づくりが必要です。

　**子どもへの基本的な対応**　吃音のある子どもに対して、「ゆっくり」、「落ち着いて」などと、話し方のアドバイスは避けましょう。周囲の大人に必要とされるのは、子どもが焦らずゆっくりと話せる雰囲気をつくり、話を最後までじっくりと聞くことです。子どもが話し終えるまで、別の話題を出さないようにします。また、子どもが話し終えてから、「〜だったね」と、子どもの話の内容を繰り返したりまとめて返したりすると、子どもは伝わった嬉しさや話をすることの楽しさを感じ取っていくようになります。

　**落ち着きのある生活環境づくり**　吃音の改善には、生活全般をゆったりと落ち着いたものにすることも大切です。そのためには、早寝・早起きなどの規則正しい生活習慣を確立したり、朝や夕方などの忙しくなりがちな時間帯の過ごし方に気をつけたりするなど、日々の生活にゆとりをもたせましょう。また、おやつを食べる時間や夜寝る前などに、子どもと一対一でかかわる時間を設け、落ち着いた雰囲気の中で会話を楽しむことも効果的です。

**小尾麻希子**

# 無口

　自分から言葉を発することが少ない無口な子どもに対して、不安を抱くこともあるでしょう。

　**口数の少ない原因**　口数が少なくても、尋ねられたことに対して適切な返答ができ、要求があったときに、それを言葉で表現できるのであれば、大きな心配はいりません。ただし、その原因が周囲の大人の関わり方にある場合もあるため、口数が少ないように感じた場合は、日常の子どもへの関わり方を見つめ直す機会としましょう。

　**話したいという意欲を高める基盤づくり**　話したい要求があるのに、最後までじっくりと話を聞いてもらえなかったり、話したことに快く応答してもらえなかったりすると、子どもは話す意欲を失い、言葉でやりとりする楽しさや言葉を使う必要性を感じなくなってしまいます。まずは、子どもの気持ちや興味に添って話しかけたり、子どもから発する言葉に応答したりして、子どもとコミュニケーションを図っていきましょう。こうした親との心の通い合い・心のやりとりのあるコミュニケーションが、子どもの話したいという意欲を高める基盤となっていくのです。

　**子どもと心を通い合わせる体験**　子どもの言葉で表現しようとする意欲を高めていくには、「伝えたい」という気持ちを育てていくことが大切です。そのためには、たとえば、自宅近くの公園で子どもと一緒にどんぐりを見つけながら、子どもがつぶやいたことに耳を傾け、そのつぶやきのなかに表された、子どもの思いや子どもの感じ方に共感してみましょう。子どもは嬉しくなり、感じたことやイメージしていることを伝えてみたいという気持ちになるでしょう。そうした子どもとの心の通い合いが、子どもの伝えたいという気持ちを育てていく糸口となっていくのです。

小尾麻希子

# 赤ちゃん言葉がぬけない

　大人が赤ちゃんに対して話しかける時には、赤ちゃんが聞き取りやすいようにと簡単な単語をゆっくりと語りかけます。また声のトーンは高めになり、抑揚を大げさにつけます。これは育児語やマザリーズとよばれます。大人が「〜〜でちゅね」「〜〜ちまちゅか」と語りかけることもありますが、これは子どもが言っていることをまねしているだけで、育児語とは異なります。

　一方赤ちゃんが発する言葉は、まんま、おっぱい、ばー、まま、あーあ、どうぞ、ぶーぶー、わんわん、ポーン、ジャー、ぐるぐるなどがあげられます。これは幼児語やベビートークとよばれます。また一人喋りをする頃にはジャーゴン、宇宙語とよばれる言葉も発します。

　**赤ちゃん言葉がぬけない原因**　先に挙げた赤ちゃん言葉は、子どもの口や唇、舌の構造上、子どもが発音しやすい音なのです。成長と共に舌の筋力がつき、出しにくい音も出せるようになります。さらに表情が豊かになり、視線も定まってくると大人のまねができるようになります。そうすると大人が話している言葉を使えるようになり、赤ちゃん言葉はいつのまにか使わなくなっていきます。赤ちゃん言葉がぬけない原因には発音しにくい体の構造上の問題がある場合（構音障害ともよばれます）また流暢に言葉が発せられない傾向がある場合（緘黙、吃音や音の引き伸ばしなど）さらに聴覚やコミュニケーションの問題なども考えられますが、ぬけないことを心配する必要はあまりありません。

　**赤ちゃん言葉を愉しむ**　それよりも今の時期しか話さない貴重な言葉として耳を傾けてみませんか？　子どもが皆同じような言葉を発するのも興味深いですね。大人が話しかけている言葉を体の中に貯めて、子どもはそれなりの解釈で意味づけをして発信しているのです。　**岩城淳子**

# 言葉の発達が遅い

　赤ちゃんのクーイングから機嫌のよい時に声を出す喃語（なんご）が出始めると、人の声と物音を聞き分け意識的に音のするほうへ目を向けたりします。

　**言葉の発達**　1歳前半になると喃語が活発になり、2歳未満になると一語文・一語で意味のある文章を言うようになり、否定語も出て、まさにイヤイヤ期の到来です。3歳になると単語数が200～800語へと増えていき、三語文を使い経験を言葉で伝えることが出来るようになります。4歳頃からは記憶力もしっかりしてきて、園や家庭での出来事を詳しく話すようになります。考えたり工夫したりすることを言葉で相手に伝えられるようになり、コミュニケーションも豊かになります。

　**言葉が出ない子への対応**　言葉が出ないことを心配していると、突然多くの言葉を話し出す子もいます。それまでに聞こえてくる言葉をしっかり覚えていくので、焦らずに安心できる環境で絵本の読み聞かせや言葉かけを続けていくことが大切です。触れ合いながら、よく耳が聞こえているか、物事の理解が出来ているか、発声に問題はないかを観察していき、話そうとする気持ちや意欲が出るような雰囲気づくりをしましょう。ある場面だけ言葉が出ない「場面緘黙」や、「障害の兆し」として言葉が出ない場合もありますので専門機関に早めに相談してください。

　**発達の個人差**　子どもの発達は一人ひとり違い、個人差が大きいということを理解して、子どもの発する信号にしっかり対応できるようにしてあげましょう。言葉だけでなく、周囲の人とコミュニケーションが取れるか・視線が合うかどうか・声かけへの反応・共感や応答・聴力の問題・身体全体の発育の影響・呼吸の調節の適切さ・喃語を発しているかなど、子どもの成長過程を振り返りながら不安を感じる場合には専門機関に相談をしてみるようにしましょう。

吉田美恵子

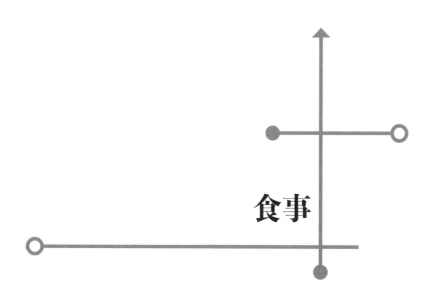

# 食事

# スプーン・箸を使う

　スプーンや箸の持ち方は、幼児期に覚える基本的生活習慣の一つです。離乳食後期になると、段々と自分で食べ物をつかんだりスプーンを持ちたがったりするようになるでしょう。

　**手づかみメニュー**　ただ、手指が未発達なままでスプーンを正しく持たせることは難題です。スプーンを使うようになっても、並行して手づかみ食べをしっかり行えるようなメニューをとりいれるようにします。野菜をスティック状に切ったり、小さなおにぎりを作ったりして、子どもが握りやすい状態にすると食べやすくなります。小さく切った野菜や豆も上手につかめるようになるほど、徐々に手指が発達していきます。同時に、スプーンを使う頻度が増えていき、スプーンの正しい持ち方を教える時期に入ります。上からグーで握るようにして食べていた手を鉛筆持ちに替えていきます。この時期、クレヨンの持ち方にも気をつけてあげます。手指の発達を促すために普段の遊びの中に、紐通しや積み木、粘土、シール遊びなどを取り入れると筋力だけではなく、脳も刺激されます。

　**箸を正しく持つ**　2歳半頃からは、箸を持つ練習を始めます。箸の持ちやすい長さは手の大きさで異なるため、時々サイズを確認するとよいでしょう。最近は、大人でも正しい持ち方ができない人が増えていますが、一度習得してしまえば一生ものです。小さいときに間違ったくせがつかないように、大人がその都度伝えていく必要があります。同時に大人自身が自分の箸の持ち方を再確認してください。親指が人差し指の上に重なっていたり、箸がクロスしていたりしていないでしょうか。見た目が悪いばかりでなく、うまく食べ物をつかめずにこぼしたり姿勢が悪くなったりする原因となります。

濱野亜津子

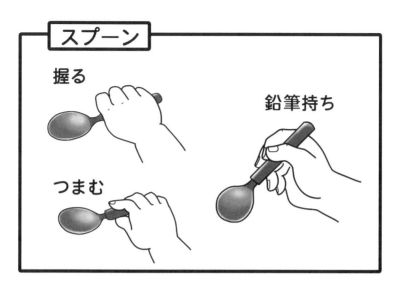

## スプーン

握る

つまむ

鉛筆持ち

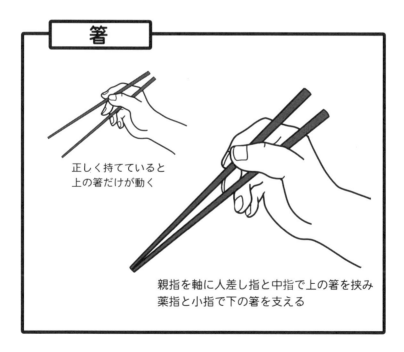

## 箸

正しく持てていると
上の箸だけが動く

親指を軸に人差し指と中指で上の箸を挟み
薬指と小指で下の箸を支える

# 茶碗を持つ

　離乳食の時期は、まず自分で食べる経験の積み重ねが大事です。子どもがストレスなく食事を楽しめるために、食べやすい器、すくいやすいスプーンなどがあると良いでしょう。

　**器が子どもに合っているか確かめる**　子どもが自分で器を扱えるようになる前は、机の上で動きにくい器が良いですが、自分でお茶碗をもって食べられるようになったら、子どもの手の大きさに合った軽く丈夫な食器が扱いやすくなるのです。

　**両手を机の上において食べる**　私たちの食習慣（主に和食）では、茶碗には手を添えて食べることが理にかなっていますから、スプーンや箸を持つ手だけが机の上で、空いた手が机の下に隠れているようなら早めに直しておくとよいでしょう。大人でも、食事中に片手でスマートフォンをいじったり、空いた手を机の下においたりしたまま食事をするくせがついていることがありますが、だらしない姿にみえるだけでなく、姿勢が悪くなり消化によくないこと、食べこぼしの原因にもなります。食事中は両手が机の上にあることが基本です。

　**食事のマナーは楽しく食べる心配り**　食事のマナーは、食卓を囲む人同士が気持ちよく食を楽しめるように長い時間をかけて作られた先人の知恵です。ただし、現代は日本式の食事だけでなく色々な国の食事や食文化の習慣が家庭にも取り入れられる時代です。たとえば西洋式の皿や器は、基本的に手で持ちあげて食べない方がマナーに合っています。細やかな行儀作法に従えば、和食器でも持ち上げないで食べなければいけない、とされる場合もありますが、むやみに行儀にこだわるだけでなく、みんなで気持ちよく食事をするための家庭のルールを考えてみるとよいと思います。

藤田寿伸

# こぼさない

　自分で食事ができるようになり始める時期は、食べこぼしが多くなります。「口に入る食べ物より、こぼしている方が多いのでは？」と気になることもあるでしょう。自分で食べ始める時期の子どもは、自分の手指を思うように動かせるように努力している途中なので、経験の積み重ねを見守ることが大切です。

　**楽しくおいしく食べる**　子どもにとって使いやすい道具や食べ物で食事をさせてやることも重要になります。食べにくい道具、こぼれやすい食べ物では、逆に子どもの中に「うまく食べることができない」という食への苦手意識が育ってしまう心配があります。子どもが「上手においしく食べられるように、頑張ってみよう」と思える環境作りは、大人がしてやることのできる一番の手助けです。その意味でも、日頃から大人が行儀よく楽しく食事をする姿を見せたいものです。

　**食べ物で遊ばない**　時には、こぼれた食べ物が子どもにとって「おもちゃ」になってしまうこともあります。食に対する興味をもたせるために食事に遊びの気持ちを取り入れることが役に立つこともありますが、基本として「食べ物は、もて遊ぶおもちゃではない」という意識づけ、習慣づけが必要でしょう。

　**食べることとマナー**　成長とともに、子ども自身が食べこぼさない意識をもてることも大事です。きれいに食べることは、自分のためだけでなく、一緒に食べる人にとっても食事の楽しさを感じさせるものです。手先の器用さとともに、食べこぼしが自分の困りごとだけでなく一緒に食事をする人の困りごと（自分がされたら困ること）にもつながる、という意識が持てると、だんだんとまわりから注意されなくても、自分からこぼさずに食べられるようになるでしょう。

藤田寿伸

# 食べるのが遅い

　乳幼児期は集中力の持続時間が短いので、集中が切れてしまうと、だらだら食べが始まってしまいます。食事の時間は1日の生活リズムに大きな影響を与えます。だらだら食事をするのは、次の食事にも影響するので、長くても大体1時間前後を目安に食事の時間を終わらせましょう。

　**なぜ食べるのが遅いのか**　咀嚼や嚥下の力には個人差があり、そのため食べる速度にも個人差があります。なぜ食べるのが遅いのか、食べ方をよく観察してみましょう。咀嚼がうまくできずに嫌になっていないか、食事の量が多すぎないか、好き嫌いが多くて食べることができないでいるのか、おやつの時間が不規則でお腹が空いていないか、食事以外の物に興味が移っていないか、など原因と思われることをよく観察してみましょう。

　**食事は楽しい時間**　食事は空腹を満すだけでなく、人と人がコミュニケーションを取る大事な場面でもあります。家族と一緒に食事をすることや園生活の中で誰かと楽しく食事をすることが、心身の豊かさを育むことにつながります。叱ったり無理強いしたりせず、食事の場面自体がつらいものにならないようにすることが大事です。子どもの咀嚼する力や好き嫌いに合わせた盛り付けや量を配慮してみましょう。盛り付けを少なめにすると、食べ終わるまでに見通しがもちやすくなります。苦手なものは少なめに盛り、食べ切ったことを褒められると自信につながります。落ち着いて食べられる環境を作ることも大切です。幼児は一度に一つのことしかできないのが特徴です。食事中にテレビがついていたり、近くに気になるおもちゃがあったりすれば食事に集中することができません。また、食事の途中に遊び始めたら終わりにすることを約束し、実行してみましょう。

石井惠子

# 食前・食後の挨拶をする

　生後百日目に「お食い初め」「箸揃え」のお祝いをする頃から少しずつ離乳食が始まります。食事のスタートのこの頃から母親や周りの人が食事の前に「いただきます」とハッキリ大きな声で食前の挨拶をすると赤ちゃんもぺこりと頭を下げたり、アッと声を出したりして小さな手を合わせる習慣がついていきます。

　**家族揃って**　生活の様式がかわり、家庭で家族が全員揃って食事をする機会や回数が減っている現状がありますが、家族間ではできるだけ揃って皆で声を出し、挨拶をして食事をする習慣をつけたいものです。

　**命をいただく**　口にする一つひとつの食べ物にも命があることや、食べ物を育てる人のご苦労に感謝する気持ちを持って「いただきます」や「ごちそうさまでした」が言えるようにしたいものです。

　園ではイモやトマト・キュウリ・大根などを育てているところもありますが、自分たちで育てたものは特別な思いがあります。育てた食べ物が体の中で、元気の源になってくれること等に感謝し、みんなでする「いただきます」の挨拶にも心がこもります。同じ場所で同じものを食べる楽しさが食への気持ちを高めます。

　**作ってくれる人への感謝**　給食室や調理室がある園では沢山の食材や調理をする様子を見学したり、栄養士や調理員の先生に話を聞いたりして感謝の気持ちを言葉で表現できるような機会を設けても良いでしょう。また、手作りのお弁当などを嬉しく食べる園外保育や遠足では挨拶の声も一段と大きくなります。家庭で食前・食後の挨拶をする習慣が少なくなった分、園では心を込めて作られた食事に感謝して、毎日挨拶をすることが習慣となっていますが、家庭でも家族が揃って食事をする中で、是非挨拶をする習慣をつけたいものです。　　　　　　　　　吉田美恵子

# 残さず食べる

　しっかり栄養を摂って欲しいという思いから、無理に食べさせようとすると、食事が苦痛なものになってしまいます。また、完食することだけを目的に、子どもの好きなものばかりを食卓に出すのは、偏食を助長させることになりかねないので、注意が必要です。完食をさせるためには、子どもが一回で食べきれる食事の量を把握しておく必要があります。子どもは空腹が満たされれば、口を閉じて満腹であることを知らせるので、食事介助のときによく観察をしておきます。そして、子どもが一人で食事ができるようになったら、予め、少なめの量を盛り付け、完食の達成感を味あわせましょう。

　**空腹で食卓につく習慣**　お腹が空いていないのに無理強いをして食べさせたり、遊び食べを注意したりすることで、親子ともに食事の時間が苦痛になります。楽しく食事をするために、空腹の状態で食卓につけば、遊び食べやむら食いはなくなります。遊び食べが始まってしまったら、満腹のしるしなので、そこで食事は終了にします。その後は、散歩や外遊びなど体を使ってたくさん遊ぶことで、次の食事には、空腹な状態で食卓につくことができます。途中でお腹が空いても、おやつの量を増やすと、また、空腹感がなくなってしまうので注意します。そのようなときには、ほんの少し、食事時間を早めるなどの方法で調整をします。

　**食べられる分量を自覚する**　年長くらいになると、自分の好みや食事の分量を自覚できます。提供されたものを全部食べることは、食事に関わった人への感謝のしるしであり、マナーであることを伝えたうえで、残さず食べるためには、少なめによそってもらったり、前もって減らしてもらったりして、自分に適した量を調整するように教えます。足りなければお代わりができることも教えます。

橋本惠子

# 配膳や後片づけをする

　個人差もありますが、３歳位になると料理をすることも含めて食事の準備や片づけに興味を持ち始めます。手伝いをするということにも喜びをもって自ら参加しようという意欲も芽生えてきます。食事の準備や片づけをすることは、家族の一員として当然すべき事で、将来自立した時の力にもなります。

　**配膳の位置を覚える**　ただ食べるために食卓に食器を適当に置くのではなく、家族一人ひとりの箸や茶わん、お椀等の置き方にはきまりがあり、日本や西洋の食文化が身につき家族への思いも育むことにもなります。

　**後片づけの第一歩**　食べ終わったら、自分が使った食器は自ら流しに持っていくということが、後片づけの第一歩です。落とさないで流しまで持っていく事や、更には同じような食器は重ねて運ぶ等、どのようにしたら効率良く食器を運ぶことができるか、ということも話しながら片づけていくことで今後の意欲にもつながってくることと思います。

　**やりたい事はさせてみる**　子どもは食器を洗うことにとても興味を持ちます。やりたい事はできるだけさせてやります。ただし子どもの技量に合わせて洗うものを選び、洗い方等も楽しく教えていくことが大切です。子どもは大人が日々やっていることを見ていないように見えてしっかりと見ています。その大人の姿を見せることもとても大切になってきます。忙しいから、危ないから、子どもがそばにいると邪魔になる、などということで子どもを遠ざけてしまいがちですが、心のゆとりをもって子どもの手伝いたいという意欲を満たしましょう。長続きはしないかも知れませんが、少しずつ日々の積み重ねで上手になっていきます。更に些細な事でも「上手にできた」という実感がもてるような褒め言葉をたくさんかけてやります。

古明地麻利子

# 好き嫌いをしない

　生後から半年は母乳や人工乳が食事の中心で、4〜5ヶ月頃から離乳食が徐々に始まります。前歯が生え揃い、奥歯も出始めてくる1歳半頃からは1日3回の食事で必要な栄養分を摂取するようになります。味つけや食感、食べられる物が増えるはずなのに、初めて食べる食感や食べ物の匂いに警戒心や抵抗感をもち、好き嫌いの始まる子もいます。離乳食から6歳ぐらいまでの食生活で、体の初期設定が決まるといわれています。根気よくミネラルバランスのとれた食事ができるように工夫してやりましょう。

　**楽しく食べる**　好奇心旺盛な幼児期に食生活の基礎が養われます。親が食べ終わる時間だけを気にしてはいけません。また、小食や偏食を心配し過ぎて、大人が無理に口に詰め込んで食べさせていたのでは、食事の時間は「苦しい時間」とインプットしてしまい、とても残念なことです。苦手な食べ物は少量から、一口食べればOKです。残りは大人がおいしそうに食べて、次回は食べたくなるような気持ちにさせてやることが大切です。楽しい雰囲気になるよう、小皿や盛り付けにも工夫してみてください。

　**一緒に作る**　食の好き嫌いだけを減らすことに集中しすぎると、親も子どももお互いにつらくなります。苦手な食べ物でも調理していく過程で色や形が変化したり、好きな食材と組み合わせたら、そのものの味が変化したりすることを発見できます。このような直接体験を通して嫌いであった食材が身近な食べ物となり、好き嫌いを克服できるチャンスとなるでしょう。手伝いを習慣化させることにより味覚、触覚、視覚、聴覚、嗅覚などの五感を働かせ更に食への関心が高まります。そして家族全員の健康維持にもつながります。

橋本英子

# 少食、ばっかり食べ

　年齢に応じて、おおよそのカロリー摂取の目安はあるものの、子ども
の体格や活動量の違いから、食事の量には個人差があります。

　**空腹感を持たせる**　食事の時間が不規則であったり、おやつをたくさ
ん食べてしまったりして、食事のときに空腹感が持てない場合がありま
す。まずは、毎食の時間を決めて、その上で、おやつの時間や分量を調
節しましょう。食事と食事の間は、しっかり体を動かす遊びをすると、
食事の時には、お腹が空いたという実感が持てるようになります。

　**食事を楽しむ工夫**　少食の子には、食べることを強いるよりも、食に
対する興味を持たせるほうが効果的です。子どもの好きなキャラクター
の食器やクロスを用意したり、一緒に献立を考えて買い物に行ったりす
るのもいいでしょう。また、簡単な調理に参加させたり、プランターな
どで野菜栽培を経験させたりすることは、食材に対する興味につながり、
偏食の改善にも効果があります。時には友達と一緒に食事をして、楽し
い雰囲気を味わうのもよいでしょう。

　**ばっかり食べをしない**　ばっかり食べとは、一品ずつ食べてしまう食
べ方です。和食では、ご飯→主菜→ご飯→副菜（汁）という順番で、箸
を三角に動かす「三角食べ」が基本です。三角食べは、口内調味といっ
て、ご飯とおかずを口の中に一緒に入れて、自分にちょうど良い味つけ
にすることができます。また、好きなものも苦手なものも順番に食べる
ことで、栄養の偏りを防ぐことにもなります。さらに、口内調味をしな
がら、時間をかけて噛む回数を増やすことは、消化吸収を助けるととも
に、脳の活性化にもつながります。ですから、食事をより味わい深く楽
しむために「順番に食べると、もっと、おいしく食べられるよ」と、三
角食べができるような声かけをしてみましょう。

橋本惠子

# 孤食になりがち

　近年では核家族化が進み、24時間営業のサービス業界などの労働環境が急激に変化したことなどで、家族が揃って食事をする機会が減ってきています。

　**子どもが一人で食事をする「孤食」の問題**　独りで「孤独」に食事をするだけではなく、同じ食卓を囲んでいてもそれぞれが違う食事をする「個食」、極端に食べる量を減らした「小食」、同じ物ばかり食べる「固食」、味付けの濃い物ばかり食べる「濃食」、麺類などの粉でつくられた物ばかり食べる「粉食」なども問題となっています。このように好きなものばかり食べていたのでは栄養のバランスが崩れてしまいます。便利なインスタント物や中毒性の高いジャンクフードばかり頼りにせず、幼児期ではおにぎりなど簡単なメニューでも大人が一緒に食べることで食材の風味を知り、味覚も育ちます。

　**「食事」を通してコミュニケーションを培う**　家族と一緒にする「食卓」は、その日にあった会話を楽しんだり、食材、食文化を学んだり、食のマナーを身につけていく大切な人格の基礎づくりの場です。子どもはここで身につけたコミュニケーション能力の経験を他者へとつなげていくことになります。最近では、子どもはゲーム、親はスマホの画面に顔を向けて会話のない食事をしている光景をよく見ます。このような家族はおいしさや楽しさを共有しているようには見えません。子どもは心が安らいだ時に、人との絆を強める働きをするオキシトシンというホルモンが脳内にできます。家族で食事をしながら、幸せホルモンを活性化させることは、後にストレスを受けた時の心のバランスの安定にもつながります。孤食をさけ、家族や仲間と楽しく食事をすることは心身ともに健康に発達するために重要なことであると言えます。

橋本英子

# おやつの摂り方

　おやつは、大人であれば、仕事の合間のお楽しみや気分転換の意味合いがあります。子どもにとっても同様ですから、食材や調理方法、盛り付けなどに工夫をして、楽しく食べるようにしましょう。しかし、子どもにとっては「お楽しみ」だけではありません。子どもが成長するためには、さまざまな栄養素や多くのエネルギーを必要とします。ところが、子どもは、大人と比べて消化機能が未熟なうえに、胃の容量も小さく、3回の食事だけでは十分な栄養を摂取することができません。そこで、栄養やエネルギーを補給する必要があります。つまり、食事だけでは摂りきれない栄養を摂取するための補食でもあります。

　**おやつの質**　栄養素とエネルギーを第一に考えましょう。穀類やイモ類などのエネルギーとなるもの、牛乳やチーズ、ヨーグルト、小魚などのカルシウム、卵などのたんぱく質、野菜や果物などのビタミン類などを組み合わせるとよいです。また、子どもは遊びに夢中になると喉の渇きを自覚して、意識的に水分補給をすることが難しいので、牛乳やジュース、ゼリー、プリンなどで水分補給の役割を果たします。

　**おやつの与え方**　おやつを与える際に大切なことは、次の食事の妨げにならないということです。クッキー2枚と麦茶、リンゴ4分の1個、ふかしイモ一切れと牛乳コップ半分くらいを目安にして、一日に1回から2回程度とし、食事までの時間が2～3時間は空くようにします。

　**市販品を与えるときの注意**　市販品を使うとおやつのバリエーションが広がります。ただ、市販品の場合には、手作りと違って、塩分、糖分、油分などの調整ができないので、カロリーの過剰摂取にならないよう少なめに与えましょう。また、食品表示に目を通して、原料や添加物を把握することは、アレルギーの予防にもなります。

橋本惠子

# 食事中の行儀が悪い

　食欲はあるが行儀が悪い子、好き嫌いが多い子、遊び食べをする子など、食習慣で気になるところは、子どもによって色々です。

　食べることに集中できないのは性格のせいかもしれませんし、使いにくい器や道具に理由があるかもしれません。あるいは、子どもが大人の真似をしていることもあるでしょう。

　**食事に楽しく集中する**　食事のマナーは、食事を楽しむ経験があってこそ身につきます。気になるところがあったら、まずは子どもが食事を楽しんで集中できるために足りていないものが何か確かめてみると、食事の指導のヒントが見つかります。

　食事に時間がかかりすぎると気が散ってしまう子どもには、様子を見ながら少なめの食事と間食を組み合わせて十分な栄養を取る、という方法もあるでしょう。

　**ながら食べはやめる**　食事中にテレビやスマートフォンを見せるのもできるだけ避けた方がよいことです。子どもとの食事は「一緒に食べる楽しさ」が味わえることが理想です。親しい人といっしょに食べる楽しさが、気持ちのよい食べ方にもつながります。

　**食事のマナーの考え方**　食事にかぎったことではありませんが、子どもによっては「やっちゃダメ」といわれると、わざとやってみせる悪ふざけをすることがあります。食事中の悪ふざけは「どこまで大目に見て、どこから厳しくするか」大人がいつでもぶれない基準をもって接することで、子どもは「けじめ」を理解していきます。大人自身が守れる範囲で「けじめ」の手本を見せることができるとよいでしょう。茶碗やお皿の置き方、食べる順序などの細かなマナーは、基本的な食事の習慣が身についてから、少しずつ教えていきましょう。

藤田寿伸

# 咀嚼が下手

よくかんで食べることには、食物の消化を良くして健康に育つため、またマナーを身につけてみんなと食事を楽しむため、という二つの意味があります。昔の人は「一口ごとに百回かんでから飲みこむと良い」などと言ったそうですが、今ではよくかむことで満腹中枢が刺激されて余計な間食が減り、また消化の効率がよく栄養を取り込めることが医学的に証明されています。

**上手にかめない理由**　子どもが上手に咀嚼できない理由には、あごの発達が未熟なこと、口に入れる食べ物の大きさを上手く加減できていない、などが考えられます。よくかまないことで食べ物が口からこぼれる、丸呑みしてのどに詰まる、おなかをこわしやすくなる、などの問題も起きやすくなります。

**適量を楽しく食べる**　よくかんで食べる習慣づくりは、その子にとって適量の食事を楽しく食べる経験から始めるとよいでしょう。といっても大げさなことではなく、子どもの成長や好みに合った量と固さであればよいと思います。固くてかみ切れないものは少し薄く切る、よく煮るなどのひと工夫で、食べものの味わいが大きく変わります。

一度にたくさんの食べ物を口に入れてしまう子には、小さめのスプーンやフォークを用意してみると食べ方が変わるかもしれません。

**かむ力を育てる**　柔らかい食べものばかり選んで食べさせるのも要注意です。すこし固くてもかんでいるうちにうま味が出るものや、パリッとした食感の美味しさを経験し、かむ力を育てることも必要でしょう。

歯科検診の際「よく歩き、動いている子どもは虫歯が少ないものです」と聞きました。よくかんで食べる力は、よく遊び、活動的に生活することから育つのです。

藤田寿伸

# 睡眠

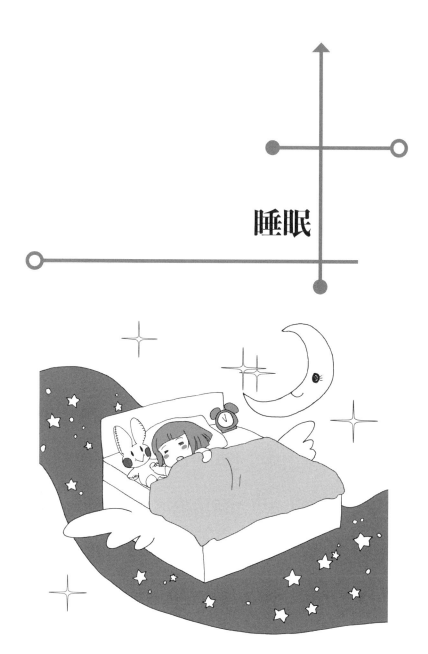

# 自律起床をする

　常に大人が起こしているようでは、自分でいつ起きるのかを決めて、その時間に自分で起きられるようにはなりません。大人の役割は、朝気持ちよく目覚められるような環境を整えてやることです。その一つに、十分な睡眠時間を確保することが挙げられます。

　**睡眠時間の確保**　園生活が始まると、起床する時刻は登園する時間に合わせなくてはならず、就寝時刻も自ずと決まってきます。子どもが眠れないからと遅くまで起きていては、朝起きられなくなるのは当然のことなのです。大人と子どもは必要な睡眠時間が異なるので、大人と同じように生活していては慢性的な睡眠不足となることでしょう。就寝時刻に眠たくなるように、1日の過ごし方を考える必要があります。これは、睡眠の質をよくすることにもつながります。

　**規則正しい生活習慣**　まずは、日中に陽の光を浴びて十分に体をよく動かし、エネルギーを発散することです。疲れたら昼寝するのもよいでしょう。ただし、長時間寝ると夜の睡眠に支障がでるので寝すぎないようにする配慮が必要です。就寝前は、逆に刺激を与えすぎないように静的な活動に移行します。テレビやゲーム、スマホなどは、静かに過ごすものですが目に入る刺激で脳が活発化するので控えましょう。

　**家族みんなで続ける**　夕飯の時間も睡眠と関わりがあります。食べてすぐに寝ると、消化中の内臓は休むことができません。2～3時間前に食べることが理想とされています。また、体温が下がるときに眠気が起きやすいため、シャワーだけでなく湯船に浸かり体温を上げるとよいでしょう。大人も同じことがいえます。子どもと一緒に規則正しい生活習慣を続けることは、子どもの自律起床を促すだけでなく家族みんなの健康につながっていきます。

濱野亜津子

# 早寝早起きをする

　子どもの睡眠時間は、幼児期で10〜14時間、学童期で９〜11時間が理想だといわれています。大人は、６〜８時間あれば日中に眠くならずに過ごせます。このことから、大人と子どもでは必要な睡眠時間に相当な差があることが分かります。大人の生活時間に合わせていては、子どもの睡眠時間が不足してしまうのは明らかです。

　**早起きのメリット**　昔から「早起きは三文の徳」といいますが、早起きをすると色々なメリットがあります。出発する時間までに余裕ができるため、おなかが空かないということはなく、しっかりと朝食を食べることができます。エネルギーを摂取すると、脳の働きが活発になり集中力が高まりますし、すぐに疲れず体をよく動かすことができます。昼間、十分に頭も体も動かすと自然と就寝時刻が早くなるでしょう。そして、また翌日すっきりと目覚めることができるようになるといった好循環になるのです。

　**早寝早起きのコツ**　「早寝早起きをさせたいけどできない」という話はよく聞きます。しかし、翌日が遠足やお出かけするといった楽しみがあるときはどうでしょう。朝早く起きたときに楽しいことが待っていると、早く起きたい気持ちに自然となるのかもしれません。例えば、漫画やゲーム、趣味をする時間を夕方から朝に替える、朝食に好きなものを出すというようにしてみるのもよいでしょう。数日続けていくと、早く起きることに慣れ、夜は自然と眠くなります。並行して、寝室だけでなく夜過ごす部屋の明かりを暗めに設定し、入眠しやすい環境を整えましょう。幼児期は寝静まるまで添い寝をする方が安心して眠りにつけますが、児童期になったら大人と子どもの睡眠時間の違いを説明して一人でも寝られるようにしていきます。

濱野亜津子

# 昼寝をする

　子どもは自分が疲れていることに気づかないことが多く、遊びに夢中になりがちです。不機嫌でイライラしたり、不安がって妙に甘えて離れなかったり、やけに転んだり、「今になって眠くなって」と感じたことがあると思いますが、それは昼寝が必要だというサインです。

**なぜ昼寝をするの？**　必要な睡眠時間を補うためだけでなく、脳や体の成長が未成熟な乳幼児にとって体の疲れを癒し、精神的な疲れや緊張を和らげる効果があります。大人でも睡眠不足や疲れが溜まると、ストレスを感じ抵抗力がなくなるように、子どもでも同じことがいえます。逆をいえば、昼寝で体力をチャージすることで免疫力を高めることにつながりますので、生活リズムの中に昼寝時間を組み込み、毎日決まった時間に昼寝を習慣づける意味があるのです。

**昼寝の時間と年齢**　生後間もない頃、一日の大半は眠っています。徐々に夜にまとまって眠れるようになりますが、乳児は夜間睡眠だけでは足りず、午前と午後に各1時間半〜2時間位昼寝をし、1歳頃には午後1回2時間前後、4歳頃になるとその時間は減っていきます。小学校就学までには昼寝の習慣は卒業できるとよいでしょう。昼寝は夜間睡眠に影響のない程度でよく、寝かせ過ぎに注意します。

**昼寝の環境**　カーテンを閉める等部屋の明るさを調整し、ある程度の暗さで眠りを誘う環境を作ると眠りやすくなります。また暑すぎたり寒すぎたりせず室温や湿度にも配慮が必要です。騒音や賑やかな場所は落ち着かず、気になって安眠できません。できるだけ静かな空間にし、子守歌やオルゴールのようなやさしく静かな音楽をかけてやることも良いです。そして何よりも大人が寝かせようと焦らず、ゆったりとした気持ちで子どもがリラックスできるよう関わることが大切です。　**中山映子**

# 寝間着に着替える

　普段着はゆったりとして動きやすく快適ではありますが、一日中着ていたり、外出してばい菌が付着していたり、家の中にいても生活臭がついたりします。寝間着は寝る時に着るものなので、清潔で気持ちよさを感じることができます。また、寝間着に着替え日中の衣服とは違うスタイルになることで、入眠する気持ちに切り替えることができ、入睡眠儀式のひとつにもあたります。

　**寝間着のメリット**　寝間着に着替える習慣は、寝間着に着替えたら「寝るモード」にスイッチが変わり、朝起きて洋服に着替えたら「起きるモード」に切り替えられるようになり、一日のメリハリがつきます。ワコールとオムロンヘルスケアの「パジャマと眠りに関する共同実験」（2013年）によると、寝間着を着て寝るほうが寝つくまでの時間が短縮され、さらに途中で起きる回数も減り、安眠効果もあるそうです。

　**着脱衣との関係**　寝間着に着替えるということは、脱ぎ着を朝夕行うことになり、当然子どもと向き合う機会も着脱衣の回数も増えます。全面介助をしてもらいながら、1歳頃には自ら手足を動かすことを覚え、次第に「自分で」と一人で行おうとするようになります。3～4歳頃になると一人で脱ぎ着ができるようになるので、着脱衣の習慣にも一役買うことになります。

　**寝間着の素材**　着心地が良いことはもちろんですが、子どもは寝汗をよくかきますので通気性・保湿性のあるものを選びます。夏は麻や綿の素材がよいでしょう。冬は保温性に優れたネルやスムースニットなどの起毛素材が体を温かくしてくれます。また子どもは寝返りが多く、寝相も悪くあちらこちらに動きますので、伸縮性のある素材を選び快適な睡眠を保障しましょう。

中山映子

# 一人で寝る

　子どもが起きている状態で「おやすみなさい」と声をかけて、大人が
ドアを閉めて出て行っても、そのまま一人で寝られることを「一人で寝
る」といいます。さまざまな場面で自立を考える時、親子の愛着関係が
重要であり、子ども自身の情緒の安定が伴わなければなりません。一人
で寝ることだけに焦点を合わせるのではなく親子関係や子ども自身の成
長に合わせて進めていく必要があります。

　**一人寝を考えるには**　眠くて泣きぐずっている時、抱っこや傍らでや
さしく体をトントンたたくことで、落ち着いて入眠した経験があると思
います。それは、肌を密着することで呼吸や体温を感じ守られていると
いう安心感から情緒が安定して眠りに入るので、熟睡できるのです。ま
ずは睡眠に対する不安がなくなり、生活リズムや睡眠時間、質が整って
から一人寝を考える段階に入ります。

　**一人寝までの段階**　ある日突然「今日から一人で寝てね」といわれた
ら、子どもは不安な気持ちになります。赤ちゃんは授乳をしながらの寝
落ちや抱っこをしてもらうなど「体が密着した状態」で入眠することか
ら、ラックなどに横になり肌に触れずとも「揺れる心地よさ」で入眠、
道具を借りなくても「軽い接触」で落ち着き入眠、体の接触はなくても
「声だけ」で安心して入眠、そして「一人寝」へと成長していきます。

　**一人寝の時期**　最近の調査では、コミュニケーションやスキンシップ
を重要視する傾向があり、6歳6ヶ月の段階で添い寝を必要としなくな
る標準年齢となっています。多くの場合、小学校入学や誕生日などを機
に一人で寝るようになるタイミングと考えているようです。一人寝の時
期は、添い寝の良さを大切にしつつ、計画的な大人の配慮やそれぞれの
子どもとの関係性の中で決めればよいでしょう。　　　　　　中山映子

# 就寝、起床の挨拶をする

「おやすみなさい」「おはようございます」は、相手に向かって伝える挨拶の言葉です。他にも挨拶の言葉がありますが、自然に身につくものではなく、全て身近な大人の挨拶を見聞きした子どもが、認知をして言葉として発するようになります。すなわち就寝起床に限らず挨拶は、大人からの働きかけがあって学習していきますので、日頃からのコミュニケーションが大切になってきます。

**就寝の挨拶**　年齢の低いうちはパジャマに着替える際に介助をしてもらい、少なくとも自立するまでは面と向かって「おやすみなさい」の挨拶を就寝儀式の一つとして行っていることでしょう。その結果、言葉を話し始める1歳半頃から態度や言葉の一部を発して挨拶を真似するようになり、5歳頃までには習慣化され、自ら挨拶をするようになります。

**起床の挨拶**　言葉の発達の面から考えると就寝の挨拶と同様にできるようになるのですが、最近の調査結果では、就学までに習慣として身についていません。女性の社会進出により、朝の時間が忙しく大人の身支度に追われ、子どもが起床しても挨拶をする余裕さえなくなってしまったことが一因ではないかと思われます。「おはようございます」の挨拶を大人が進んで行うよう心がけましょう。

**挨拶の大切さ**　「おはようございます」と、一日の始まりの挨拶を笑顔で交わすことで「今日も頑張ろう」と思えます。夕食や入浴時、就寝前などに家族で楽しかった一日を語らい、明日も素敵な一日でありますようにと「おやすみなさい」の挨拶を交わして一日が終わる。そのような毎日の積み重ねが自ら挨拶のできる子どもを育て、必要に応じた挨拶のできる子どもに成長していきます。挨拶のパワーを大切にしていきたいものです。

中山映子

# 就寝儀式をする

　「儀式」という言葉は難しく聞こえますが、よく眠れるように就寝前に必ず行う行動のことを就寝儀式と言います。それを行うことで心と体がリラックスし、スムーズに「眠りモード」に切り替えやすくなります。また決まった時間に就寝儀式を繰り返すことにより、良好な睡眠習慣をつくり、早寝早起きの習慣が身につきます。

　**就寝儀式の効果**　緊張感や不安状態を緩和することが考えられています。毎日同じことを繰り返すことにより、子ども自身が次の行動の予測ができるようになります。つまり、「就寝前に○○（就寝儀式）を行ったらそろそろ寝るんだな」とインプットされますので、自ら眠りモードに入りやすくなるのです。

　**就寝儀式の例**　入眠儀式は人によって違いますが、リラックスできる行動を見つけましょう。お風呂に入る、歯を磨く、水を飲む、トイレに行く、パジャマに着替える、好きなタオルやぬいぐるみを持つ、「おやすみなさい」の挨拶をする、一日の出来事を話す、本を読んでもらう、電気を消す、子守歌を歌ってもらう、背中を軽くたたいてもらう、等々。これらの行動から子どもに合った行動を決めます。その際、子どもと一緒に決めることで、入眠意識がさらにアップするでしょう。

　**避けたい就寝儀式**　スマホの普及により、子どもの遊び相手としてスマホを手にしている子どもをよく見かけます。しかしスマホやテレビ・DVDなどデジタル機器は、交感神経が活発になり、脳が興奮状態になりますので眠いのに眠れなくなります。適度な運動習慣は良いのですが、激しい運動も同様です。また寝る前の食事も脳が消化のために働き、体が休まらず眠りの質を低下させます。このような行動は就寝儀式として適しませんので、避けた方が良いでしょう。

中山映子

# 寝覚めが悪い

　寝覚めが悪いとは、目が覚めてから機嫌が悪く、泣き出してなかなか次の行動に移せない子どもの状態をいいます。

　**寝覚めが悪くなる原因**　寝覚めが悪くなるのは、一つは、睡眠時間の不足や睡眠の質の低下など、睡眠が十分に確保されていない場合です。もう一つは、何らかの原因によって起床時に不安やストレスを感じているなど、心理的なことが要因となっている場合です。

　**早寝早起きの習慣を身につける**　遅く寝ると、子どもの身体が必要とする睡眠の量が確保できないため、すっきりと目覚められなくなります。また、夜遅くまでテレビを見るなど、夜間に強い光を目に入れてしまうと、脳が覚醒して、すぐに寝つけなくなります。すっきりと目覚めるためには、まず、早寝早起きの習慣をつけることです。部屋のカーテンを開けて太陽の光を入れたり、子どもの好きな音楽が流れる目覚まし時計を活用したりして、自分で起きる習慣を身につけることも効果的です。

　**子どもにとって安心な状況をつくる**　子どもは断乳時にストレスを感じ、それが夜泣きや目覚めたときの不安につながっていくことがあります。また、入園当初など、新しい環境下での緊張や不安がある場合は、目覚めたときに泣き出したり不機嫌になったりすることがあります。寝覚めが悪いときには、睡眠の状態とともに、ストレスとその原因を確かめ、目覚めたときに大人が傍にいるようにするなど、安心して一日のスタートが切れる状況をつくりましょう。

　**他のことに興味をもてる工夫をする**　まずは寝室から出て、子どもが他のことに興味をもてる工夫をしましょう。好きな朝食のメニューを一つでも用意したり、好きな童謡を流したりするのも効果的です。この朝のひとときの楽しみを親子で一緒に考えてみましょう。　　　　　　小尾麻希子

# 夜ふかしをする

　子どもは放っておけば、眠くなっても自分からはなかなか寝ようとしません。ましてや大人が楽しそうに起きていれば寝ようとするはずがありません。その結果、「うちの子は夜寝ない」と思い込んでいませんか。就寝時刻は大人が教え、習慣化させなければいけません。

　**寝不足の改善策**　子どもの夜間睡眠時間は10時間以上必要です。「寝る子は育つ」の言葉通り、夜眠っている間に成長ホルモンが分泌されますので、睡眠時間は子どもの成長に欠かせません。当然夜ふかしは睡眠不足になるので、「起こすのはかわいそう」と、寝かせていると「遅寝遅起き」の悪循環が始まります。改善策は、「寝不足でも起床時刻には必ず起こすこと」です。あえて睡眠不足の状態を夜ふかしした日に作り、その日は早く就寝させます。それが夜ふかしサイクルから脱出の第一歩となります。

　**夜ふかしの予防策**　日中の活動を十分に行った日は、食事中でも入浴中でも寝てしまうことがあります。夜になっても眠くならないのは、まだ体力に余裕がある証拠です。日中は紫外線を浴びて体を思う存分に動かすこと、親子でふれあい遊びなどをして情緒を満たすことなどで体力を消耗させ、夜ふかしを予防しましょう。

　**夜ふかしによる悪影響**　夜の街で子ども連れを見かけますが、子どもの睡眠を軽視しているように思えてなりません。人は夜眠り朝日を浴びて起床するという生体リズムがありますが、それが狂うとさまざまな悪影響が出てきます。睡眠不足から脳が目覚めず、朝から体調不良を訴え体が動こうとしません。また意欲の低下にもつながります。睡眠不足からイライラ感も生じ、ぐずったりキレたりしやすくなる傾向もみられます。不登校や睡眠障害につながる可能性さえあるのです。　**中山映子**

# 寝つきが悪い

　よい睡眠に大切なのは体内時計を整えることです。大人の帰宅時間が日によって違う場合も、できるだけ子どもを優先して一日のサイクルを考えましょう。そうすれば子育てや家での行動もしやすくなります。大人がイライラを溜めていると、子どもは家庭内の雰囲気を肌で察知して落ち着かなくなることがあります。また、子どもの運動不足は睡眠に影響を及ぼします。子どもの生きる力、創造性、人間性豊かな発達を促すためにも体を動かし、運動に親しめるような環境設定が大切です。

　**入眠の心地よさ**　心地よさは心身の安定に関係します。便秘、汗かき、五感のどれかに敏感などの身体面、静かで暗い部屋や夜が怖いなどの不安、また、添い寝が嬉しく傍にいてくれる親と話ができて楽しいなど高揚した心理状態では眠れません。子どもが好む適度な部屋の照度や香りを見つけたり、食事や入浴などでの会話を増やしたりして入眠時の環境を整えましょう。試行錯誤しながら根気よく実践することが大切です。

　**睡眠時の環境**　脳の発達にも良い睡眠が必要です。子どもの体温が高すぎると寝つきが悪いので、夕食や入浴は寝る1〜2時間前に済ませてそれ以後は体を動かす遊びなど激しい運動は避けましょう。また、朝の太陽光は体内時計をリセットして脳を活性化することに有効ですが、寝る前のブルーライトは逆効果です。部屋の明かりを消しても寝かしつける傍で携帯を見ていれば睡眠の妨げになります。また、睡眠時の衣服の着方、室温や子どもが気になる音や音量の調整もポイントです。

　**子どもの不安を取り除く**　友達とけんかした、親に叱られたなどのネガティブな思いは寝る前にできるだけ取り除きましょう。子どもの話を静かな空間で受け止め「大丈夫」とやさしい声で伝えながらゆっくり体に触れると、安心感が増して心地よい入眠を促せます。　　　　大賀恵子

# 眠りが浅い

　子どもの睡眠時間は昼寝も合わせて約12時間前後必要です。朝の目覚めが悪い場合や、寝た後に何度も目が覚めたりする場合は、眠りが浅く睡眠時間が少ない可能性があります。また、子どもの行動が落ち着かない、すぐにイライラするといった場合にも、眠りが浅く十分な睡眠がとれていないことがあります。

　**睡眠の習慣を整える**　睡眠には、浅い眠り（レム睡眠）と深い眠り（ノンレム睡眠）があります。3歳頃になると、睡眠の周期がレム睡眠とノンレム睡眠が繰り返すサイクルになり、ノンレム睡眠の時に、脳も体も十分な休息がとれるようになってきます。夜の睡眠によって、成長ホルモンの分泌が活発になるため、この時期に、寝る時刻や起きる時刻を一定にできるように整えておくことが必要です。子どもは親の生活習慣に合わせてしまうため、親ができるだけ、子どもの寝る時刻を意識し、寝る前の環境を整えることが大切になります。

　**睡眠時の環境を整える**　睡眠の質のための環境として、静かで安心できることが大切です。子どもが日中にストレスになった出来事も、寝かしつける時に話を聞いてやり、スキンシップをとることで安心します。スマホやタブレットの場合では、ブルーライトによって睡眠のリズムに影響します。寝る前の時間の、絵本の読み聞かせや、子守歌などは、昔も今も変わらず子どもにとって落ち着く環境といえます。

　**気になる時は医師に相談**　子どもが寝ている時に、いびきをかく時は、鼻や喉の病気の可能性があり、そのことが原因で眠りが浅いことがあります。また、水分を多くとり夜間にトイレが近い（糖尿病）、足がムズムズする（むずむず脚症候群）といった病気が隠れていることもあります。気になる時は医師に相談しましょう。

糸井志津乃

# 睡眠中のくせがある

　子どもが寝ぼけて部屋の中を歩き回っていたり、恐怖で叫んだりといったくせをもつ子どもがいます。神経質になる必要はありませんが、子どもの日中のストレスや睡眠環境を整えてやります。

　**寝ぼけ**　寝ている時に突然起きて家の中でうろうろと歩く場合には、夢遊病（睡眠時遊行症）の可能性があります。脳が完全に起きていないため、障害物にぶつかりけがをすることもあります。朝目覚めた時、子どもは覚えていません。年長から中学生くらいまでに多いといわれています。無理に目を覚まさせると興奮することがあるため、やさしく寝床に戻るようにしてやってください。寝る前の行動として、ゲームやテレビなどの視覚をつかさどる脳の部分に刺激を与えないことが大切です。読み聞かせ等でゆったりとした気分で眠りにつけるようにしましょう。けが予防のため寝床周辺の整理整頓には注意しましょう。

　**睡眠後パニックで起きる**　睡眠中に突然目を覚まして悲鳴をあげ、動き回りパニックを起こすような事があれば、夜驚症（やきょうしょう）の可能性があります。声をかけても反応が鈍く翌朝起きた時には、本人は覚えていません。3歳から6歳頃が多くみられます。明確な原因は不明ですが、子どもの脳が発達途上であることによると言われています。特に専門的な治療の必要がなく、睡眠のコントロールができるようになれば、自然に治るといわれています。日常生活の中で子どもが怖がっていた事や、嫌がっていたものがないかを思い出してみましょう。ご家庭でできることは、起きている時にやさしくなだめて不安がとれるようにしておくことが大切です。

　**心配な場合には医師に相談**　どちらの場合も特別な治療は必要ありませんが、心配な場合には医師に相談すると良いです。　　　　糸井志津乃

# 排泄

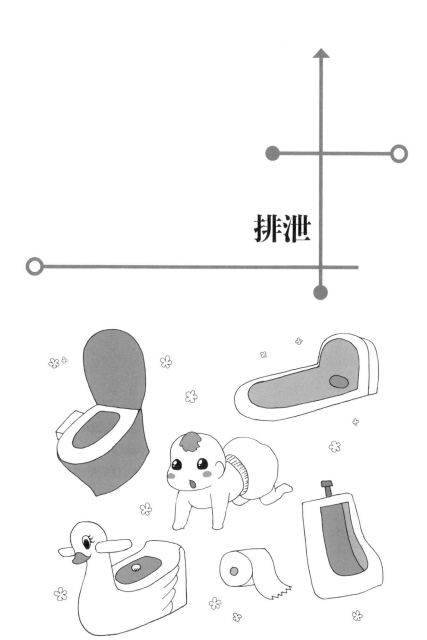

# 一人で排泄する

　生まれたばかりの赤ちゃんは、まだ尿意は感じず反射的におしっこをしています。大脳が発達して尿意を感じ、大人に知らせることができます。おむつの中に排泄することの不快感や、きれいにしてもらった時の気持ちよさを理解し、その後トイレで排泄することを覚えていきます。大便の排泄は、「便意がわかるようになる」「トイレまで我慢する」ことができるようになってからトイレで排泄できるようになります。

　**トイレで一人での排泄できるようになるまでのステップ**　①小便が出た後に伝える（1歳後半〜2歳5ヶ月）大便が出た後に伝える（1歳後半〜2歳）②小便が出る前に予告する（1歳〜3歳）大便が出る前に予告する（2歳〜2歳後半）③付き添えば小便が自分でできる（3歳0ヶ月）④付き添えば大便が自分でできる（3歳6ヶ月）⑤自分で小便ができる（3歳6ヶ月）⑥自分で大便ができる（4歳0ヶ月）⑦排便の後の紙の使用（5歳0ヶ月）

　出た後に知らせる→出る前に知らせる→付き添ってもらってトイレでする→一人でできる、というステップをとります。おむつを外す前からトイレに慣れておくことも大事です。

　**一人で排便する**　個人差はありますが、一人でトイレで排便できるようになるには排尿に比べて時間がかかります。排尿はトイレでできるようになっても、排便はおむつの中でないとできない、ということもよくあります。食事の後は比較的排便しやすく、毎食後トイレに座ることを誘ってみることからはじめましょう。大便は毎日する習慣、また決まった時間（朝か、もしくは夕方から夜にかけて）にする習慣をつけておきたいです。これらは小学校以降の学校生活を考えると、健康面、精神面にも影響を及ぼす大事な習慣といえます。

石井惠子

# おむつを外す

　トイレでおしっこをすることに慣れてきたら、少しずつおむつを外す練習をしていきましょう。おむつの性能がアップし、おしっこをしてもすぐに吸収し、濡れた不快感を与えなくなって、その不快感を訴えなくなっていることも報告されています。替えてもらって気持ちがよい感覚を覚えることがまず第一歩です。

　**排尿のサインをみる**　言葉で「おしっこが出る」と伝える、モジモジする、むやみに走り回る、股に手を当てるといった様子は自分でおしっこが出る感覚がわかってきているサインです。「おしっこ出る？」と声をかけてトイレに誘ってみましょう。

　**おむつを外す時期の大体の目安**　おむつの濡れる間隔が空いてくる、1回のおしっこの量が多くなる、一定の間隔で排尿するようになる、などがあります。男女差、個人差があり、おむつを外す時期の季節にもよるので、子どもの様子を見ながら焦らずゆったり取り組みましょう。

　**トイレは子どもと向き合える楽しい時間**　トイレは、子どもにとって大人が考えている以上に狭い空間で怖いと感じる場所です。おむつを外す前から慣れておくとよいでしょう。大人が手本を見せることもよい方法です。失敗した時は、責めたり叱ったりしてしまいがちです。遊びに夢中になって失敗することもあるでしょう。失敗しても責めたり叱ったりしないでください。トイレで出たことの達成感と「上手にできたね」と褒められたことが力となります。トイレで座る時間はおしっこやうんちが出なくても、トイレが嫌になってしまわないように短時間にしましょう。うんちは我慢すると便秘にもつながります。たまった感じがあったら我慢せず早く出す事が健康的です。繊維質の多い食事にも気を配り、便秘にさせないようにしましょう。

石井惠子

# お尻を拭く

「いつもトイレに行った時、自分で紙を使って拭けますか？」という アンケートの回答からは、男児よりも女児のほうが早いという結果が出 ました。女児は用を足した後に紙を使って拭くことを学習しているから と思われます。

**女児の排尿の場合**　利き手に紙を持ち、「前から後ろに拭く」ように します。後ろから前に拭くと、尿道から雑菌が入り「尿路感染症」を起 こしてしまうことがあります。拭き方は強く「ゴシゴシ」ではなく、軽 く「ポンポン」と抑えるようにしましょう。後ろから前に引く手の動き の方が力が入りやすいのですが、習慣化すると直しにくいので、はじめ から正しく身につけることが大事です。

**排便の場合**　男女共に大便を拭く時は、「お尻側から手を回して」拭 くことを教えましょう。まだ小さい内は手が届かないので、大人が仕上 げをします。自分の手、足、お腹、お尻がどこにあるかというボディイ メージや前後、左右、上下など位置の言葉も関わってくるので、普段の 生活や遊びの中で意識的に使っていくとよいでしょう。

**お尻を拭く手順を教える**　ペーパーを適量出して切る→折りたたむ→ 拭く→水を流す、の一連の手順で教えます。ペーパーを適量取るのは難 しいので、適量に切ったものを用意したり、長さの目安になるようなガ イドが用意できたりするとよいです。最近は自動で水が流れるトイレも 普及してきましたが、終わったら水を流すことは「トイレをきれいに使 う」マナーとして身につけたいことです。自宅や園のトイレなどの使用 に慣れてきたら、違う場所のトイレにも慣れさせていきます。和式便器 は少なくなってきましたが、学校や公共の施設は和式便器もあるので、 就学前に和式便器の使用は経験しておきましょう。

石井惠子

# 毎日の排便を習慣づける

　トイレットトレーニングは、1歳半頃から開始され、3歳頃から排泄のコントロールができるようになってきます。そのため、排便時に対して不快に思うことがある場合には、トイレを我慢することがあります。また、入園、入学前後も生活リズムが変化するため、トイレへ行くことを我慢することで便秘を起こしやすくなります。日頃から排便の習慣を身につけておくことが大切です。

　**排便方法を教える**　トイレでの排泄は、おむつをしていた時とは異なり、新たな習慣を獲得することになります。排便の際には、便座に座ってお腹に力を入れることが必要になりますが、子どもは最初からできるわけではありません。親や養育者が一緒に力む動作を教えることが必要です。子どもが排便に成功した際には、一緒に喜ぶことで、子どもの成功体験となり排便が心地良いものと思うようになります。そのことが、子どもにとっての自立した排便の習慣づけに大切です。

　**食事の時間を一定にする**　排便の時間のリズムを整えることと食事とは密接に関係があります。ごはんを食べた1時間後に腸の動きが活発になります。そのため、食事を一定の時間に食べることを習慣づけることで、排便のリズムがつき、結果的に、排便が朝に集中するようになってきます。また、排便には水分不足や食事の偏りも影響します。朝の水分摂取や腸内環境と整える食物繊維の多い野菜や発酵食品（納豆、みそ、ヨーグルト等）のメニューを心がけましょう。

　**生活リズムを整える**　睡眠不足やストレス等は、自律神経の乱れに影響し腸の動きを悪くします。一定の時間に睡眠を促し、朝の目覚めをよくすることで、生活リズムが整います。子どもの睡眠は、親の生活習慣が影響しますので、親自身の生活にも注意が必要です。　　　　**糸井志津乃**

# 夢中粗相、おもらしへの対応

　夢中粗相、おもらしは、成長途中のちょっとした失敗です。子どもは成功と失敗を繰り返しながら身につけていくので、プライドを傷つけないよう、寛容な対応が望ましいと思います。

　**夢中粗相とは**　排泄の自立後、遊び等に夢中になっていてお手洗いに間に合わずおもらしをすることです。谷田貝公昭、髙橋弥生らの『子どもの生活習慣と生活技術』（一藝社、2021年）によると、排尿がすべて一人でできるようになる（真の自立）標準年齢は、3歳6ヶ月とされています。それより早い場合も遅い場合もありますが、自立後も時には失敗があります。夢中粗相が消失する標準年齢は4歳6ヶ月とされていますが、小学生になってもたまに見られる現象なのです。集団生活では、決まった時間や先生の声かけでお手洗いに行くことが多く、それ以外の時間におもらしをしてしまう子がいます。大人はそれを承知しておく必要があります。

　**対応の心得**　おもらしをして、一番驚き困っているのは本人です。周囲の反応にもビクビクしているかもしれません。親は、つい叱りたくなってしまうかもしれませんが、それは逆効果です。「心配しなくていいよ」などと声をかけながら、落ち着いて対処してやって下さい。できる限り周囲の目に触れず、着替えや片づけを手伝ってやるほうがいいのです。そのほうが、プライドを傷つけず成長へとつながります。

　**対応者への労い**　おもらしに対しては、落ち着いて寛容な対応が望ましいのですが、時に度重なるとイライラしたり、叱りたくなったりしてしまうかもしれません。時々周囲の人に大変さを聞いてもらいましょう。聞いてくれる相手がいない人は、近くの子育て支援センターを訪ねてみて下さい。きっと労いの言葉をかけてもらえます。

清水美智恵

# おねしょへの対応

　5歳未満の子どもが夜の睡眠中に無意識におしっこをしてしまうことがあります。これは、尿を貯める膀胱の機能や自律神経の発達がまだ十分でないことが原因ですが、5歳〜6歳頃には落ち着いてきます。5歳以降で月1回以上のおねしょが3ヶ月以上続く場合は、夜尿症の可能性が高いです。早期に改善するためにも小児科や泌尿器科へ相談すると良いです。頻繁におねしょをする場合、子どもながらに自尊心が傷つきますので、神経質にならず子どもが罪の意識をもたないようにしてやりましょう。

　**寝る前の排尿習慣**　眠りが深いと尿意があっても起きられないことや、膀胱が小さく尿を貯めておけないことが原因の場合があります。そのため、夜寝る前に尿意がなくともトイレを済ませておく習慣をつけ、併せて寝る前の水分は少し控えるようにします。膀胱に貯める尿を少しでも減らしておくと良いです。

　**便秘を予防する**　尿を貯める膀胱は、便が溜まっている大腸と隣り合っています。そのため、便秘をしている場合は、膀胱が十分に膨らまず尿を貯めておく量が少なくなります。慢性的な便秘はおねしょの原因になりますので、生活習慣を整えて、排便習慣のリズムをつけましょう。毎日、一定の時間に食事を行うことで排泄が促され、便秘予防にもなります。

　**寝具の汚れ防止**　睡眠中は、尿を作る量を減らすホルモン（抗利尿ホルモン）の分泌が活発になりますが、子どもの場合、抗利尿ホルモンの分泌が未熟です。おねしょによって、睡眠が妨げられることがありますので、対策としておねしょパンツや夜間パットを使用し、寝具の汚れを防止すると良いでしょう。

糸井志津乃

# 小便が近い

　おしっこの回数は、各年齢によって異なります。1〜2歳：2時間おきに8〜12回、3〜4歳：3時間おきに5〜9回、4歳以降は、3〜6時間おきに4〜8回といったように、年齢が上がるにつれて、おしっこの回数が減ってきます。これは、おしっこを貯めておく膀胱の容量が増えていくためです。子どもがトイレに行き、その後すぐに行きたくなる場合には、気に留める必要があります。

　**身体的な病気のめやす**　おしっこをする時に痛がる、おしっこの色に赤味がある、お腹が痛む、熱がある、水分を多く摂るといった症状がある場合には、膀胱炎や腎臓やホルモン系の病気の場合もありますので、早期に治療を行うためにも医師に相談し、検査をして問題がないか確認してみましょう。

　**心理的な問題の場合の症状**　ストレスや緊張感が強いと、おしっこが近くなることがありますが、次のような子どもの様子がある場合は、心理的な原因の可能性があります。出したおしっこの量が少ししかない、身体的な症状がない、寝ている間はおしっこがない、夢中になって遊んでいる場合は、おしっこを頻繁に行かない、といった内容です。心理的な問題の原因を明らかにして、神経質にならずに子どもを刺激しすぎないように見守ることが大切です。

　**心理的な原因の例**　過去に尿を我慢しておもらしをした経験があり、それが原因で神経質になり、尿意を催すことがあります。また、環境が変わるような出来事でストレスになったことが原因になります。家庭内の不和や下のきょうだいができたといったことで、今までと異なった環境に慣れないことが原因の場合があります。いずれもやさしく関わり、子どもの悩みに寄り添い心配しすぎないことが大事です。　**糸井志津乃**

# トイレを怖がる

　子どもがトイレを怖がる原因は、「トイレ内の雰囲気が怖い」、「便座に座ると足が床につかないから怖い」などの環境に対する不安や、トイレで排泄すること自体を不安に思っている場合などさまざまです。ここでは、トイレを使ってみたくなるような環境づくりと、一人で安心してトイレに行ける段階的な方法について提案します。

　**トイレを使ってみたくなるような環境づくり**　トイレを使用する際に欠かせないのは、子どもが自分で便座に座れ、便座に座った姿勢で足がつく安心感が得られる状態になっていることです。そこで、効果的であるのは、市販されているトイレ専用の踏み台や、牛乳パックで手作りした踏み台を活用することです。その際、子どもの好きな包装紙や明るい色の紙で牛乳パックを包み、そこに子どもの描いた絵やシールを貼ると、トイレは子どもにとって楽しい空間となります。また、子ども用のトイレスリッパに子どもの好きなシールやアップリケを貼ったり、子どもの描いた絵を壁に飾ったりすることも効果的です。

　**安心してトイレで排泄できる段階的な方法**　親子で楽しいトイレの環境づくりをした後には、子どもと一緒にトイレに行き、まずは、大人が便座に座って何も問題がないことを子ども自身の目で確認できるようにしましょう。また、子どもを膝に乗せて便座に座り、話をしたり絵本を読んだりするなど、そこが安心できる場であることを子ども自身で体感できる工夫も効果的です。こうしたことを日々繰り返していくうちに、子どもはトイレに慣れ、一人で行こうとする意欲をもつようになります。一人で行けるようになれば、最初のうちはトイレのドアを開けておくなど、子どもの状態に応じた配慮を行いましょう。安心感をもつと、子どもは次第に自立していくようになります。

小尾麻希子

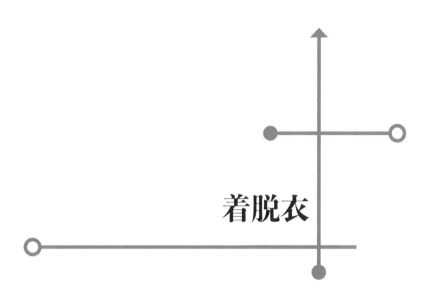

# 着脱衣

# 上衣を着る

　気候、気温に合わせた衣服の調節は、自分で自分の健康を意識する第一歩です。暑くなったら上衣を脱ぐ、寒いと感じたら上衣を着る判断が大人の声かけなしでできるようになることは、子どもの成長と自立につながります。

　**暑さ寒さを意識する**　成長とともに子どもが活動的になると、親の見立てと子ども自身の暑さ寒さの感じ方にも少しずつ差が生まれます。暑がり、寒がりなど、子どもの気温の感じ方もそれぞれです。朝夕の気温差の大きい季節や、気候に合わせて、衣類の調節を3〜4歳ぐらいから自分で意識できるようになると良いでしょう。

　**脱いだり着たりで心地よくする**　はじめは子どもの様子を見ながら、大人の声かけが必要ですが、汗をかいたら一枚上衣を脱ぐ、肌寒いな、と感じたら一枚着る、という場面ごとの着脱を繰り返し経験するうちに、自分にとって心地よく過ごせる衣類の着方、脱いだり着たりのタイミングがわかってくるはずです。場面に合わせて着る・脱ぐの意識とともに、上衣の前の開け閉めで調節ができるようになることも大切です。ボタンやファスナーの開け閉めも、一人でできるようにチャレンジしていきましょう。

　**自分の衣類を覚える工夫**　夢中で遊んでいるうちに、脱いだ上衣のことを忘れてしまってはいけません。園では同じ上衣を来ている友だちがいるかもしれませんし、自分の着ていたものがどれだったかも忘れがちですから、目印をつけて自分の上衣を覚えておく練習をするのも良いでしょう。脱いだ上衣はできるだけ決まった場所におく習慣ができれば、置き忘れを防ぐ意識づけにつながると思います。成長とともに、脱いだものをたたんでおく習慣も身につけていきたいものです。　　　**藤田寿伸**

# パンツ、ズボンを履く

　大人に手伝ってもらっていた着替えも、少しずつ一人でできるように練習が必要です。園に通いはじめると、それまで以上に外で遊んで服が汚れ、トイレの失敗など、パンツやズボンの着替えの機会が増えていきます。

　**楽しく覚える工夫**　衣類の着脱は、着る・脱ぐための体の動かし方とともに、前と後、表と裏の区別ができるようになることも大切です。タグや縫いしろなど、衣服のどこを確かめると前と後、裏と表がわかるか、はじめはゲームのように遊びながら覚える、というやりかたもあるでしょう。覚えやすいようにちょっとした目印をつけることも、子どもの成功体験を後押しします。

　**履きやすいもので練習する**　ズボンやパンツは、床や椅子に座り、自分で前と後を確かめてから履けるようになるのが第一歩です。うまく履けない、脱げない時は、子どもがどの場面でつまずいているのかよく見てやりましょう。はじめのうちは留め外しの難しいボタンなどがついているものはできるだけ避けます。ゴムや面ファスナーでしっかりフィットするほうが抵抗なく着脱できます。

　子どもにまず身につけさせたいことは、自分一人で衣服の着脱ができる習慣ですから、着やすい、脱ぎやすい衣類で自信がついてからチャレンジのレベルを上げていけばよいでしょう。

　**自分で履けるようになったら**　また、年長くらいの歳までに、脱いだ衣服はそのままにしないで、自分で表に返せる・たためるようにします。「自分の身の回りのことが自分でできる」といっても、いきなりできるものではありません。徐々にそこまで自分で気づける・できるようになっていくものなのです。

藤田寿伸

# ボタン、スナップ、ファスナーの留め外しをする

　衣類のボタン、スナップ、ファスナーは、ちょっとしたデザインの違いで留め外しの簡単さ、難しさが大きく変わります。

　**あきらめさせない工夫**　何度も頑張って挑戦しているのに上手くいかないと、子どもはあきらめて大人を頼るようになります。そのうちに、大人の顔色を見て二、三回やってみるふりをしてから「やっぱりできませんアピール」を覚えてしまう子もよく見かけますが、これでは自立につながりません。基本として、小学校にあがる頃までに基本的な自分の衣服の着脱を一人でできるようになればよいのですから、特に脱ぎ着やボタン留めトレーニングのスタートには、その子にとって扱いやすいものを探してやることが早道にもなります。

　**なにが難しいかを確かめる**　子どもが困っているときはどこで躓いているかをよく見守ることが大切です。例えばファスナーをはめる時は左右の手でタイミングを合わせて違う動作をしなければいけないため、子どもがコツをつかめるまでに時間がかかることがあります。またリュックなどについているパッチン式の留め具は、はめるのは簡単でも外しにくいものがあるので要注意です。

　新しくおろした服を着て出かける前には、できるだけ家で脱ぎ着を試してみましょう。ボタンを一つ付け替えるだけで、自分でできなかった留めることができるようになることも少なくありません。

　**できることを増やせるように**　子育ては子どもができることを増やして自立できるよう促すためのものですから、自分でやりとげた、という成功体験が大切になります。そのために子どもが「もう少し頑張ったらできる……できた！」というくらいのやりやすさで見守り、難しすぎたら少しだけハードルを下げましょう。

藤田寿伸

# 靴下を履く、靴を履く、帽子をかぶる

　身につけるものを自分で着る・脱ぐ、片づけることは、食事の習慣と同じく子どもが身につけていくべき大切な習慣です。生活の中でできることを増やしていくには、経験と環境が大きな影響を与えます。

　**チャレンジを楽しむ**　いつでも助けてくれる大人が近くにいる環境では、自立心や必要に応じたチャレンジの心は育ちません。また、自分のことを自分でする気持ちは成功体験によってどんどん育っていきます。難しすぎることに挑戦して失敗ばかりでは、前向きな気持ちは萎んでしまいます。楽しんでチャレンジできるきっかけを用意することが、自立につながります。

　**左右の区別をわかりやすくする**　靴や靴下の着脱の練習では、まずは脱ぎやすく身につけやすいものを用意すること、特に子どもの靴は、成長にあったサイズであることがとても大切です。靴下は裏と表、左と右の見分けがつけやすいものが良いでしょう。もしも子どもを待つ余裕のない状況が多ければなおのこと、子どもが自分で履きやすい靴や靴下を選んでおくことが重要になります。

　**いつ・どこで脱ぎ着するか**　上着や帽子の着脱は、いつ・どこでかぶるべきか、脱ぐべきか、時間をかけて繰り返しの経験が必要になります。子どもが自分でできるように見守る時には、大人が焦ってはいけません。親としては急かしたくなるものですが、厳しい声かけより無理なく扱えるものを揃えて、できるまで辛抱強く見守ることができれば子どもは自分で自分のことができることを誇らしく思えるでしょう。

　普段の靴や靴下になれてきたら、時にはよそ行きの靴にもチャレンジしてみましょう。身だしなみは、人と人との関わりの中で装う楽しさを教えてくれます。

藤田寿伸

# おしゃれ

　動きやすさや着心地を自然と求めて衣服を着用していた子どもも、3歳から4歳頃になると、自分で衣服を選び、お気に入りの衣服を身につけておしゃれを楽しむようになります。

　**おしゃれの意味**　子どもにとって、おしゃれとは、自分の好みがはっきりとしてきて、それを追求していこうとする発達の表れでもあります。そのため、衣服の選択に過度に干渉することや、大人の価値観を押しつけた着用のさせ方は避けなければなりません。

　**子どもの育ちにつながるおしゃれ**　自分の好みの衣服を選んでおしゃれをすることは、自分の力で着替える楽しさへとつながります。自分で好きな衣服を選択することは、着脱の自立にもつながる経験となるのです。衣服を購入する際には、伸縮性に富み、ボタンが大きいもの、前後がわかりやすいものなど、子どもが着脱しやすいものを選ぶとよいでしょう。また、子どもが自分で衣服を選択する際には、その日の気温や色・デザインの組み合わせを考えながら選ぶ経験もできます。おしゃれをすることは、子どもの考える力や自らの考えに基づいて決定できる力を培っていく貴重な経験となっていくのです。

　**安全面を考慮した衣服の選択**　公園に遊びに行くときには、フード付きの服や裾がひらひらしたスカート、紐付きの服（首元・ウエスト・足元など）、穴開きなど引っ掛かりやすいデザインのものなどは避け、安全面を考慮した服装となっているか、子どもと一緒に確認することが必要です。そのため、子どもの衣服を購入する際には、デザインだけでなく、着脱しやすく、安全性の確保できる素材・形状であるかを確認するようにします。時・場所・目的に応じた服装を考えながら、おしゃれを楽しむ力を育んでいきたいものです。

**小尾麻希子**

# 服装や持ち物を気にする

　子どもの服装は動きやすいこと、着脱しやすいこと、安全であること
が基本です。例えばフード付きの服は遊具に引っかかったり、スカート
が巻き込まれたりして大きな事故になることもあるので注意が必要です。

　**服装のイメージ**　物語や映画の影響を受けて主人公になりきっている
子どもたちは、一枚の布でもドレスやケープとして纏って遊んだり、腕
にカラーの丸い輪をはめたり、お面をつけヒーローになる等子どもの夢
は広がります。そのイメージや思いは大切にしたいものです。

　**園の服**　園によっては私服で登園するところもあり、キャラクターや
好みのデザインの衣服の子も少なくありません。また、制服やお揃いの
体操服などもあります。自分のものと友達のものを区別できるようにク
ラス帽子や体操服スモックなどに刺しゅうやワッペンをつけている園児
も見受けられます。過剰な大きさや数のワッペンやシールはどこにいて
もすぐわかるという効果はあると思いますが、特別を意識してしまうと
何事にも特別なものを要求してしまう場合が出てくるかもしれません。
必ず全てがみんなと揃えて同じにするばかりでなくてもよい場合もあり
ますので、子どもと話し合いながら決め、園でのきまりがある場合は守
るようにしましょう。

　**気になるもの**　友達が着ているものや、持っているものが気になり興
味や関心が強くなるのは、ファッションに対する意識も高くなって将来
にもよい意味で影響があるかもしれません。ですが、人のものを欲しい、
何としても手に入れないと気が済まない、とならないように、どうして
服装や持ち物が気になるのか、そのことを子どもと向き合って話しなが
ら理由を聞いて解決していくとよいと思います。成長するにつれシンプ
ルなデザインや色彩を好むようになる子が増えます。　　　　吉田美恵子

# 着替えが遅い

　着替えが遅い子どもにも、それぞれの理由が考えられます。その理由を知って、着替えがスムーズにできるように援助したいものです。

　**着替えができるようになる道筋**　介助を受けながら簡単な衣服を脱ごうとする1歳前半の頃から、励ましや声かけによって衣類から手足を出したり通そうとするようになり、2歳の頃には「自分で、自分で」と着替えも自分でしたがるようになってきます。2歳後半から3歳の頃にはボタンやホックを自分ではめようとしたり、簡単な衣類は一人で着脱ができたりするようになります。この頃の「自分で着替えようとする意欲」を大切にして、すぐに取り出せるように必要なものを整理したり、順序よく並べてやったりすると、習慣として自分で着替えができるようになります。このように環境を整えることも大切です。

　**着替えの苦手な子**　手順や方法がわかっていないという場合があります。戸惑っている状況があったら、できるだけ着替えの枚数を少なくしたり、手順を減らしたりして少しずつ自信が持てるようにしましょう。自分で着替え始めても、着替えの途中でおもちゃやテレビ、ゲーム、食べ物などがある場合は集中して着替えができません。また、園での着替えの時間に、大好きな友達との会話に夢中になったり、友達がしている遊びなどに気を取られたりして、興味が他に移ってしまい遅くなる場合があります。原因が明確な場合は、原因を取り除いて着替えに集中できるようにしましょう。

　**着替えが遅い子**　集中すれば早くできる子と、取り組むことに集中できない・手順がわからない・話が理解できない等の場合があります。

　着替えだけでなく他の色々な面でも取り組みに集中できない場合は、専門家に相談をされることをおすすめします。

吉田美恵子

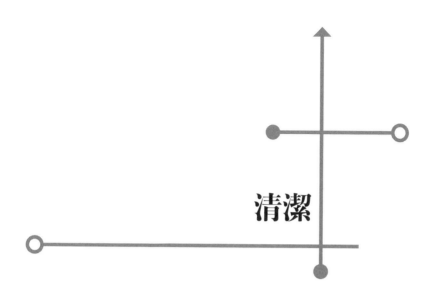

清潔

# 手を洗う

　手が汚れたら手洗いをしますが、人の手はさまざまなものに触れることにより、目に見えないばい菌が無数付着しています。特に戸外では不特定多数の人が触れたものに触れることになりますので、感染症予防のためにも手を洗い健康で過ごせる習慣を身につけましょう。新型コロナ感染症の拡大により新しい生活様式と叫ばれていますが、手を洗うことは基本的生活習慣として身についていなければならない習慣です。

　**意味を伝える**　清潔で健康に過ごすために「手を洗う」その意味を理解させることが大切です。食前（後）や排泄後、外遊び後などで手を洗う時に、その都度手洗いの意味を説明しながら一緒に行うことが、自分で手洗いをすることに繋がります。「手にはばい菌がいっぱい」「病気にならないように」「ばい菌をやっつけよう」などと子どもにわかりやすく話をしてやるとよいでしょう。

　**手洗いしやすい環境**　家庭の洗面台は大人用に設計されています。子どもが小さいうちは、蛇口まで手が届かないので踏み台を用意したり、ハンドソープを手前に置いたり、子ども目線で手を洗いやすい環境を作りましょう。子どもがきちんと手を洗えたら、たくさん褒めてやることも効果的です。

　**自分で手を洗う**　2歳を過ぎる頃から何でも自分でやりたがる時期を迎え、一人で手を洗いたがるようになります。3歳以降にはほとんどの子どもが自分で手を洗う技術が身についてきます。その際には、洗い残しがないよう手の平と甲・指の間・爪・親指・手首など隅々まで丁寧に洗うよう教えます。嫌がる場合は、好きな歌を歌うなど工夫をするとよいでしょう。次第に手がキレイになった感覚がわかり、自分から手を洗うようになります。

中山映子

# うがいをする

　うがいは大きく分けて2種類あります。口の中を清潔にする「ブクブクうがい」と、喉を清潔にする「ガラガラうがい」です。どちらのうがいも呼吸機能や摂食・嚥下機能、言語機能など口腔機能の発達と深い関連性があります。これらも手洗い同様に習慣化させるために必要性を言葉でも説明し、子どもの頃から衛生管理や清潔感を身につけましょう。

　**ブクブクうがい**　コップを使って水を飲むことに慣れたら、まず手本を見せることから始めます。口の中に含んだ水を吐き出す行為は案外難しいものです。飲んだ後に「ぺっ」と声だけ出しているうちに、水を口からダラダラとこぼすように出せるようになります。次に一旦口の中に溜めた水を「ぺっ」と吐き出せるようになります。次に口の中に貯めた水を両頬同時に動かすこと、左右の頬を交互に動かすことを習得して、うがいが自立します。

　**ガラガラうがい**　息を止めて水を飲み込まないようにしながら、「あー」と声を出して行ううがいです。ブクブクうがいができるようになったら練習を始めます。上を向いたまま口を開けて「あー」と口の中で声を出す練習をしてから、水を含み実際に行います。声を出したときに水がガラガラ動くよう教えます。

　**習慣化のコツ**　何でも真似をしたがる子どもの習性を利用し「大人が手本を見せる」こと、一緒に行おうとしたり、上手くできたりしたら褒めて意欲を高めることです。うがいをしたくなるよう「お気に入りのコップを使う」ことも一案です。大人が必死になり過ぎると、できないことにイライラしてしまうかもしれませんが、飲み込んでしまえば雑菌は胃酸で自動的に殺菌されます。段階を踏んでできるようになりますので、心に余裕をもって笑顔で楽しみましょう。

中山映子

# 鼻をかむ

　寒暖差が激しい時期や風邪をひいたとき、アレルギーなどの症状として鼻水が出ます。その時に鼻をかむことは病気の予防にもつながります。

　**きれいにする喜びから**　年齢が低いうちは、鼻水が出ても全然気にならず平気で遊んでいます。しかし衛生上よくありませんので、鼻水が出ていることを伝え、きれいにする心地よさを体感することから始めます。子どもは、自分の顔の目の前に大人の手が覆いかぶさるように近づくので、びっくりして嫌がるかもしれませんが、やさしく声かけをしてきれいになったことを一緒に喜ぶことで徐々に慣れ、鼻水が出ていたこと、拭いてもらったことがわかるようになります。

　**鼻をかむ練習**　2歳頃になると、鼻水が出ていることを少しずつ意識できるようになります。指で鼻を指して大人に教えたり、ティッシュペーパーを自分で取りに行ったりするようになります。何でも自分でやりたがる時期は、できたことを褒めながら仕上げは大人が行います。その時、片方の鼻を押え、口を閉じて「ふんっ」と鼻息を出す手本を大人が示し、少しずつチャレンジしていくことで鼻のかみ方を習得できるようになります。

　**やってはいけないこと**　鼻に花粉やホコリなどが入り込むと、それらを体外に出そうとして鼻水が出ます。またウィルスや細菌などの病原菌に感染すると膿が混じったりします。それらを出すために鼻をかむので、すすって押し戻すのではなく、かんでできるだけ出します。間違ったかみ方をしていると、鼻血が出たり耳が痛くなったり、時には気管支炎や肺炎につながります。次のことに気をつけましょう。鼻を両方一緒にかまない、一気に強くかまない、すすらない、ほじらない、鼻をかんだティッシュを放置しない、などです。

中山映子

# 風呂に入る

　清潔を保つためにも、風呂に入る習慣をつけましょう。幼児期になると少しずつ自分でできることが増えていきますが、首や耳のうしろ等の洗い忘れや石鹸の流し忘れなどないように声をかけましょう。洗髪は、よかれと思って、お湯が顔にかからないよう気をつけすぎると、ちょっとのお湯でも怖がるようになるかもしれません。頭からシャワーをかけてもらうことに少しずつ慣れていけるとよいでしょう。シャンプーをつける前に髪の毛を十分に濡らすこと、指の腹で頭皮を洗うこと等ができているか確認します。公衆浴場では湯船に入る前にしっかりと体を洗うことや長い髪の毛は結んでおくこと、軽くタオルで拭いてから脱衣室に出ること等のルールも伝えます。

　**風呂の事故**　１〜４歳の家庭内での死亡事故の約３割はお風呂であるという調査があります（厚生労働省平成25年人口動態統計）。子どもは、頭が大きくて重心が上にあるのでバランスを崩して逆さまになってしまうと自力で起き上がることが難しく、深さ５cmでも溺れてしまう可能性があるのです。一人で湯船に立たせておかないようにする、お風呂の湯は抜いておく等の配慮が必要です。

　**風呂を楽しむ**　海外では、体を清潔に保つという目的でシャワーを浴びて済ませることがほとんどですが、日本ではゆっくりと湯船につかることで１日の疲れをとったり親子のコミュニケーションの場にもなったりしています。時には、お風呂に入ることを嫌がることがあるかもしれませんが、お風呂のときにだけ使えるおもちゃを用意したり、入浴剤を使ったりして、大人も一緒にお風呂タイムを楽しんでみましょう。お話ができるようになると、園であった出来事等じっくりと耳を傾けられる貴重な時間になります。

濱野亜津子

# 歯磨きをする

　歯磨きをすることは、口腔を清潔に保ち健康な歯にするための基本的な生活習慣です。「乳歯は抜け替わるから1本くらい虫歯になっても大丈夫」という考えは禁物です。乳歯が虫歯になってしまうと、永久歯も虫歯になる確率が高いことが分かっています。一人で歯磨きをできるようになるまでは、大人がしっかりと支援していく必要があります。

　**乳歯の歯磨き**　乳歯が1本でも生えてきたら歯磨きの開始です。まずは、ガーゼ等を使って歯をつまむようにして汚れをとります。奥歯も生えてきたら、ブラシに替えます。大人の膝に頭をのせて仰向けになると口の中をよく見ることができます。上唇の裏にあるひだは、こすると痛いので指で隠しながらやさしくブラッシングしてやります。自分でも歯ブラシを持ちたがるようになってきたら、喉の奥まで突いてしまわないように工夫されているものを活用すると安心です。同時に、歩かないで座って磨くように注意しましょう。ふとした拍子に転んで歯ブラシが喉に刺さるといった事故につながりかねません。

　**習慣づける**　歯磨きを嫌がることもあるでしょう。子どもは大人の真似が大好きなので、大人が楽しそうに歯磨きをしているところを見せるのも一つです。歯磨きする意味を分かりやすく話したり、絵本を読み聞かせたりすると、自ら歯を磨こうという気持ちが出てくるかもしれません。歯ブラシに好きなシールを貼る、好きな味の歯磨き粉にする、歌を歌って楽しい雰囲気をつくる等、工夫して毎日の習慣にしましょう。

　**大人が点検する**　最後には大人が必ず仕上げ磨きをし、小学生になっても時々磨き方を確認しましょう。また、虫歯になるには砂糖との関係もあります。だらだらと食べたり、甘いものばかりを飲食したりしていては、歯磨きをしていても虫歯をつくりかねません。　　　　　濱野亜津子

# 顔を洗う

　生後間もない頃はホルモンバランスが不安定なため、皮脂分泌が過剰になり必要以上に皮脂が分泌されてしまうことがあります。特に、顔は皮脂が過剰に出やすい場所なので、乳児湿疹ができやすくなります。このような時は、石鹸をよく泡立てて洗ってやりましょう。目に入らないようにと慎重になってしまうかもしれませんが、多少泣いてしまっても神経質にならなくて大丈夫です。水流を弱くしてシャワーをおでこの方から少しずつかけたり、手ですくってかけたりしながら、きれいなお湯で泡がなくなるまで流します。乳児期からシャワーに慣れておくと、立って髪の毛を洗うようになったとき顔に水がかかることに抵抗がなくなるかもしれません。

　**朝の洗顔**　お風呂に入った時は、体や髪の毛を洗うのと同様に顔を洗うことは当然ですが、朝起きて洗顔することも、幼児期から習慣化しておきたいことの一つです。寝ていただけなので汚れてないように思われますが、皮脂や目やに等の汚れを取る必要があります。肌を清潔に保つことのほか、顔を洗うことで気分がシャキッとし目覚めをよくする効果もあります。1歳ぐらいまでは、濡れタオルでやさしく拭いてやるようにしましょう。自分でも拭けるようになったら、自分の手で洗う練習を始めます。

　**手で水をすくう**　まずは、お風呂に入った時に、洗面器にためた水をすくって洗ってみます。最初は、手の隙間から水がこぼれて顔に行き着くときはほぼ無くなっているかもしれません。うまく洗えなくてもやろうとする気持ちを褒めてやりましょう。練習しなくてはと気負わずに、湯船につかっているときにお湯をすくう遊びを取り入れる等楽しみながらできるとよいでしょう。

濱野亜津子

# 髪をとかす

　髪の毛をとかすことは、身だしなみとして習慣にしておきたいことの一つです。髪についているホコリをとり、絡まっている毛をほどいて清潔に保つように伝えます。

　**髪の毛をとかし結う**　髪の毛が長くなってきたら邪魔にならないように結うことも大切です。園などではさまざまな活動をしますが、髪の毛が長いと絵の具や粘土がくっつきやすかったり、食事をするときに食べ物の中に入ったりします。下を向いたときに髪の毛で顔が覆われてしまい集中して活動ができないだけでなく、髪の毛に付いたホコリ等が口に入り不衛生になってしまいます。幼児期は、必要に応じて髪の毛を結ぶことは難しいので、家庭で気をつけておきたいものです。

　**親子の触れ合い**　『となりのトトロ』でお母さんが娘サツキの髪の毛をとかす場面があります。もう自分でとかすことができるサツキですが、毎日そうしてふたりの時間をとても大事にしているように感じます。きっと、髪の毛をとかす行為は清潔にするだけでなく親子の触れ合いのひとときにもなっています。つい、やらなくてはと思いがちですが、ふたりでおしゃべりしながら楽しめるとよいでしょう。子どものときの毎日の習慣は、大きくなっても覚えているものです。やがて自然と身だしなみを整えるようになってきます。

　**アタマジラミ**　アタマジラミは髪の毛の接触により感染します。園やスイミングスクールなどで頭を寄せ合って遊んだり、頭に触れるものを共用したりすることで集団発生することもあります。誰にでも感染する可能性があり、清潔にしていても感染するリスクがあります。もし、身近でアタマジラミが出た場合、洗髪や髪をとかすことを子ども任せにせず大人が確認するようにします。

濱野亜津子

# 汚れた服を着替える

　赤ちゃんは生まれた時から排泄などを泣いて周りに知らせます。毎日の繰り返しの中で、汚れたおむつや衣服がそのままで、赤ちゃんのサインに対応できなかった場合は、気持ちよくならないままあきらめてしまい、清潔にする心地よさを感じないで大きくなってしまいます。

　**赤ちゃんのサイン**　まだ言葉も話せない時期だからこそ泣いて知らせているのですから、そのサインを見逃さず丁寧に対応することが大切です。こまめに汚れたら取り替えてやると、快・不快の感情が明確になっていきます。子どもは何事も育っていく過程で一つひとつ学習していくのです。

　**汚れて遊ぶ**　近年は子どもを取り巻く環境の変化で、汚れて遊ぶ場所や時間が少なくなってきました。大人がきれいに過ごすことばかり求めてしまうと、汚すことに嫌悪感を抱き、汚れて遊ぶことが罪悪と捉えてしまいます。汗をかいて遊びこむ姿は、子どもが何かに夢中になっている証です。だからこそ園で汚れて思い切り遊べる環境はとても大切です。夢中になって遊ぶ中で、発見や創造性が豊かになり、意欲的に学習へと向かう土台にもなるのです。

　**満足して遊んだ後は**　園では自分で着替えをして、帰宅の準備をします。汚れた服を家庭に持ち帰った場合には、どの位遊んでいるのか等、様子を家庭で把握していくのも良い機会と思います。この時、汚れたままの衣服をそのまま次の日も持たせることがないように、子どもの持ち物、着替えのチェックを必ず行いましょう。

　**自分で洗い場へ**　3歳くらいになると、帰宅したら自分で汚れた服を洗い場まで持っていき、次の日の服を自分で準備する等させてみます。習慣としてできるようになり、自信がつきます。

吉田美恵子

# ハンカチ、ちり紙を持つ

　子どもたちが、洋服のポケットにハンカチちり紙を入れるという習慣が、最近では少なくなってきたように思います。代わって小さなハンカチポシェットの利用が、園や学校でも増えました。ちり紙というよりティッシュといったほうが子どもたちにはよくわかるようです。

　**ハンカチポシェット**　服を着替えてもクリップなどですぐ付け替えられるようになっていることから、子どもたちがハンカチやティッシュを持つという意識は高まっているようです。ただ「何のためにハンカチやティッシュが必要なのか」、がわかっていなければ単に自分好みのポシェットが嬉しいだけで、必要な時に意味を満たさないものになってしまいますから、理解できるように伝えることが大切です。園では、個人用のタオルがタオル掛けにかかっていて、トイレや食事の前には必ず手を洗って自分のタオルで手を拭きます。最近は鼻をかむ習慣がない子も多く、先生から拭いてもらったり、かみかたを習ったりしてしだいに自分でかめるようになっていきます。

　**毎日の繰り返しの習慣**　園生活の繰り返しの中から、手を洗ったら自分のハンカチを出して手を拭く、鼻が出たらポケットからティッシュを出してかむという習慣がつくようになります。また、家庭でも外出の際はハンカチ・ティッシュを忘れないように持参することを心掛け、子どもと一緒に確認をするようにすると良いと思います。

　**きれいになる心地よさ**　ハンカチなどは洗濯もしやすいので、汚れたら自分で洗って干すことを教えてやると、きれいになることの心地よさや自分でできた喜びも感じるようになります。

　何事も繰り返し根気よく続けていくことと、傍にいる大人が丁寧に言葉をかけ一緒に確認してやることが大切です。

吉田美恵子

# 身なりを整える

　子どもたちに会った時に、「スッキリしている子だな」とか「何となくだらしない子だな」などという第一印象は、その子の身だしなみによるところが大きく関係しています。

　着脱は食事や排泄と違って、本能的な欲求は弱いものです。ですから放っておいてはいつまでもやろうとはしません。いつも手を貸していると、「やってもらう方が楽」と依存的になります。

　**「自分でやる」という主体性を育てる**　衣服を脱ぐという動作は、2歳くらいから芽生えてきます。体幹がしっかりしてきて、指先の動作ができるようになったら始めると良いでしょう。はじめは、決して無理させないことです。子どもの「これはできそうだ」という様子をみながら、励ましたり、適切に手を貸したり、待ったり、一緒に喜んだり、といった関わりが何よりも大切です。衣服の着脱は主体性が育っていく過程が感じられる場面です。

　**やさしいことから段階的に**　①「こんな風にやるんだよ」とやってみせる。②手をとって一緒にやる。③見守られているという安心感の中でやらせる。④必ず事後確認をする。⑤一人でできるようになったら、ときどき予告せずに確認する。ある程度やれるようになったら、手を添えることは少なくなりますが、子どもができたことを認めた上で、不足したところは手を加えてきちんと仕上げることが大事です。そうして子ども自身が完成形を体得していきます。一緒に鏡を見てできあがりをみることもいいです。服を選ぶときには、子どもができる程度によって着やすいものを選びましょう。フードや首まわり、背中やすその紐などは服が原因でさまざまな事故が報告されています。デザイン性だけでなく子どもが快適に安全に過ごすための服選びをしましょう。　　　**石井惠子**

# 不潔

　子どもは何かをすれば汚す、汚れるのが自然な姿です。しかし、不潔でいることに慣れてしまっていると、健康や社会生活に色々な問題を抱えるようになります。清潔は人との関わりにとって大切であり、本人とまわりの人の健康を守る大切な習慣です。

　**不潔と汚れることの違い**　気をつけたいのは、「汚れることと不潔であることは同じではない」ということです。汚れるほど夢中になって遊ぶことは大切ですが、汚れたままにしておくのは不潔であり、あらためなければなりません。毎日洗濯をする親の身になってみれば、汚される前に「ダメ！　そんなことしたら汚いでしょう！」と、つい叱ってしまう気持ちもわかりますが、その結果が「汚れると叱られるから」と思い切り外遊びもできない消極的な子どもになっては子育ての甲斐がありません。子どもが汚れてもよい場面と汚れを落とす場面をペアにして習慣にしていくと良いでしょう。

　**生活の習慣を大切に**　朝起きたら歯磨き顔洗い、手洗い、寝る前の歯磨き、着替えなどは面倒でも習慣にしていくことが大切です。習慣を義務として強いるよりも、楽しく繰り返せる工夫があると子どもは自然と清潔の習慣に馴染んでいきます。手洗いや歯磨きが楽しくできる子どものための石鹸やブラシなども探してみる価値があるかもしれません。また、まわりの大人が当たり前に清潔の習慣を実行していることが、何よりの手本になります。

　**コロナ禍の時代に**　感染症の世界的な大流行によって私たちの日常の衛生の意識も大きく変化しました。私たちは、つい怠りがちだった清潔の習慣こそ私たちの生命・健康を守る大切な武器だ、ということを今あらためて学んでいるのかもしれません。

藤田寿伸

# 潔癖すぎる

　感覚の敏感さには、人それぞれに違いがあります。定型発達の子ども
でも、性差や個人差、成長のタイミングによって違いが見られます。し
かし、子どもの清潔に対する感覚が強すぎることで、家庭外での生活に
難しさが生まれる場合があります。

　**集団の生活に馴染むために**　汚れることが怖い、見慣れないものには
触れない、などといった強すぎる潔癖さは、子どもの個性ともいえます
が、生活環境に適応する上での課題でもあります。他の人には何でもな
いことでも大きな不安があるとみんなと一緒に楽しめなくなり、ときに
は疎外されてしまうかもしれません。子ども一人ひとりの感じ方を尊重
する必要があることはわかっていても、「他の人と違う」ことをまわり
がどのように受け入れるか、自分自身がどう受け止めるか、成長ととも
に考えていく必要があります。

　**清潔ってなんだろう**　清潔の観念・基準は国や地域によっても変わり
ます。それも踏まえて、子どもが気持ちよく生活できるように必要なこ
とを身につけられるようサポートしてやりたいものです。信頼している
身近な大人がどのように清潔を意識して生活しているか、家族で振り
返ってみると良いでしょう。「今は気になるけれど、少しずつ大丈夫に
なれるかな」という意識の持ち方を子どもと大人が一緒に考えて、チャ
レンジしてみることも大切です。

　**夢中になること**　子どもが強すぎる潔癖さや違和感を乗り越える助け
になるのは、楽しさや夢中になれることです。友達と一緒に砂場で山を
作ること、きれいな色の絵の具を思い切り使って絵を描くこと、動植物
など色々な自然の不思議に出会うことなど、その子にあった感動の経験
が、潔癖症を克服する力を育ててくれるはずです。

**藤田寿伸**

# 汚れるのを嫌がる

　基本的生活習慣の一つに、清潔の習慣を教えることも含まれてきます。清潔の習慣とは、顔を洗う、手を洗う、風呂に入る、歯磨きをする、髪をとかす、鼻をかむ、うがいをする、汗を拭く、爪を切る、汚れたら着替える等、たくさんあります。

　**根気強く丁寧に**　子どもが清潔・不潔といった感覚を養い、汚れたら不快だと感じるようになるためには、大人が根気強く一つひとつ丁寧に教えていくことが必要です。

　**言葉だけでは伝わらない**　教えていくといっても、子どもは言葉だけでは理解しにくいものです。経験の少ない子どもはなおさらのことです。例えば、手が汚れたので手を洗うとします。洗い終えると手がきれいになりすっきりとした感覚があります。この時をのがさず大人が「手を洗ったらきれいになってすっきりしたね」などと言葉を添えるのです。行動に言葉が添えられると、子どもは手を洗った後のすっきり感は「きれいになった」「すっきりした」という言葉で表現するのだということが経験として学べます。

　**発達に合わせて**　「汚れたらイヤだな、きれいにしたいな」という感覚を教えていくには、その子どもの発達に合わせて進めていくことが大事です。最初は大人と一緒に行います。子どもが自分でやりたがるようになったら、徐々に子どもに任せていけばいいのです。

　**汚れるのを嫌がるようになるめやす**　小学校入学を目標に、見通しをもち丁寧に清潔の習慣を教えていきましょう。小学校に入ると自分で考えて自分で判断行動することが増えますので、清潔の習慣が身についていることで「一人でできた」という自己肯定感が芽生え、学校生活への自信につながるでしょう。

寳川雅子

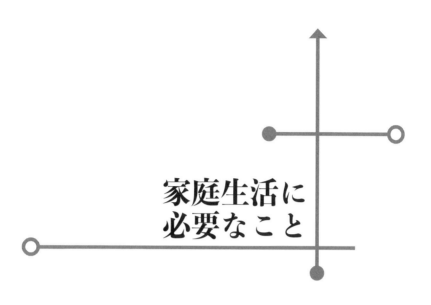

# 家庭生活に
# 必要なこと

# 食器を並べる

　子どもは大人の真似をすることが好きですし、自分のやったことが誰かのためになったということが分かるととても嬉しくなるものです。2歳くらいになると、さまざまなことに興味を持って楽しんでやってみようとするので、手伝いを始めさせるちょうどよい時期となります。

　**手伝いをする**　手伝いの一つに、家族全員分のお箸を並べることを加えてみるのはいかがでしょうか。小さい頃から手伝いをさせることによって、家族の一員として食事の準備をすることが当たり前のこととなります。徐々に飯碗や汁物等を並べたり下膳したりとできることを増やしていき、食器の並べ方を自然と身につけていけるようにしましょう。

　**食器の並べ方**　和食の場合、箸を箸置きの上に箸先を左側にして並べます。そして、手前左側に飯碗、右側に汁物、右奥に主菜、左奥に副菜と並べます。この並べ方には理由があります。飯碗の置き方は諸説あり、日本ではお箸を右手で持つことを基本にしているため、最も頻繁に口に運ぶことが多い飯碗は持ちやすいように手前左側に置くといわれています。その他、日本の伝統礼法に左上位の思想があり、米を古くから神聖な食べ物として扱われていたため飯碗を左に置くと決められたという説もあります。汁物はこぼれやすいため手前で飯碗の反対側に置きます。主菜は、皿を持たずに箸を持つ右手を伸ばせばすぐに食べられる右奥に置きます。合理的に考えられた位置といえます。子どもに食器の位置を教えるときは、この理由と一緒に伝えるとわかりやすいです。

　**食器を大切にする**　食器はプラスチック製等の壊れにくいものばかりを使用せず、子どもの時から陶器や磁器に触れさせたいものです。乱暴に扱うと壊れてしまいますが、だからこそ丁寧に扱わねばならないことを知りものを大切にする気持ちが育まれます。

濱野亜津子

## 食器を並べる

### 【 和食の場合 】

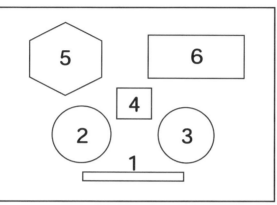

1.箸　2.主食(ご飯)　3.汁物
4.香の物　5.副菜　6.主菜

箸は上が右に来るように配置する(右利きの場合)

# 包む、結ぶ

　日本は、風呂敷などものを包む文化を大切にしてきましたが、現在は便利なものがたくさん作られて、暮らしの中で「包む・結ぶ」といった動作をする機会が少なくなりました。この動作を上手にできるようになると、遊びと生活の幅が広がっていきます。

**家庭では**　餃子の皮を包ませたり、プレゼントを布や紙で包ませたり、ごみ袋を結ばせたりと、日々の生活で少しずつ子どもと一緒に楽しみながら伝えていくとよいでしょう。また、子どもが遊びの最中に「犬のぬいぐるみとお散歩したいから紐を結んで」「ヒーローごっこしたいからマントを結んで」と言ってきたら、結び方を丁寧に教えましょう。自分で結ぶことができるようになると、遊びも楽しくなります。

**園では**　幼稚園の3歳児クラスでは、弁当箱をきんちゃく袋に入れることが多いですが、4歳児クラスからは徐々に大判ハンカチで包むように教えていきます。園の中には、昼寝用の着替えを風呂敷で包み、結ぶ練習をさせているところがあります。さらに縄跳びを結ぶ練習は4歳児クラスから始めたり、5歳児クラスでは、花結びを取り入れた製作を経験させたりしている園も多いです。

**小学校入学に向けて**　小学生になると、靴紐やはちまき、エプロンなどで花結びをする機会が増えてきます。手先が器用になる就学前の5、6歳頃が、花結びを教えるにはいいタイミングです。靴紐などは縦結びをするとほどけやすいので、正しい結び方を伝えましょう。まず、親が手本を見せて、プレゼントを包むなど子どもと一緒に遊び感覚で楽しんで色々なものを包んだり、結んだりする経験をたくさんさせてください。ただし、興味を示さないときは、無理やりさせずに時期をあらためることも大切です。

大﨑利紀子

## 包む

①

布を裏にして広げ、中央に箱を置く。

②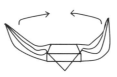

布の手前の角を箱にかぶせ包み、向こう側の角を手前にかぶせる。

③

布の横の両端をつまみ上げ一度結ぶ。

④

結びめをもう一度結び、「カタ結び」にする。

⑤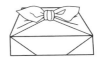

出来上がり。

## 結ぶ（花結び）

①

一度結んだあと、左右の紐をそれぞれ輪っかにする。

②

輪っかの部分を交差させて通す。

③

交差を逆にすると縦結びになってしまう。

④

左右の輪っかのバランスを整える。

# 洗う・絞る・拭く

　食卓を拭いたり、棚や床などを拭き掃除したりする際、使い捨て布巾がよく使われるようになり、生活の中で「洗う・絞る・拭く」ことが少なくなってきました。しかし、これらは日常生活の中で必要な基本動作です。親が子どもに教えて、経験を積ませることで、誰でもできるようになります。使い捨てによるごみを増やさず、子どもと一緒に共同作業をすることで日々の暮らしが豊かになっていきます。

　**洗い方**　子どもが楽しめるように声をかけたり、遊びを取り入れたりして、真似をさせることから始めましょう。例えば「洗濯屋さんごっこ」をして、台布巾や薄地のタオルなどに石鹸を付けて「ごっし、ごっし」とテンポよく汚れている所をもんで洗い、よくすすぎます。汚れがひどいときは、洗濯板にこすりつけて石鹸で洗うときれいになります。

　**絞り方**　タオルをたたんで、たてに持ち、両手を内側にして、ひじを伸ばし、脇をしめて「ぎゅっー」と声をかけながらしっかりとひねります。この絞り方を覚えておくと、大きめのタオルや湯上りタオルもきちんと絞ることができます。バケツを使うときは、水の量は六分目ぐらいにして、腰を下ろした姿勢で水が周りに飛ばないように静かに絞ります。

　**拭き方**　食卓は、食事の後だけでなく、目に見えなくてもほこりがついているので食事の前にも拭きましょう。台布巾を水で濡らして絞り、手の大きさくらいにたたみます。食卓のはしから左右に拭き、最後に縁を「ぐるっと拭くよ」と声をかけて拭くと、拭き残しがありません。布巾が汚れたら、その面を内側にして新しい面を使うようにします。廊下の雑巾がけは親子で競争しても楽しいでしょう。

　幼児期は、上手にできなくてもまず親子で一緒に楽しく遊びながら基本動作を真似させて習得させていくとよいでしょう。　　**大﨑利紀子**

## 洗う

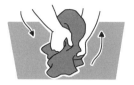

水の中に入れ、こすらずに水を
吐き出させるように揉む。

## 絞る

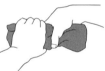

順手でつかむ「ヨコしぼり」で
絞ろうとしても、力が入らず
水が絞り切れない。

体に対して立てて持つ「タテしぼり」。
左手は半時計回りに捻り右手は時計
回りに捻る。

## 拭く

丁寧にたたみ、テーブルに対して水平に拭く。
へりや角もしっかり拭く。

# 折り紙を折る

　折り紙は多くの子どもにとって楽しい遊びの一つです。また、楽しいだけではなく、指先を使うことにより脳の活性化に良い影響があるということで、子どものみならず高齢者にもおすすめです。大人も子どもも一緒に楽しめる遊びといってもよいでしょう。今では、子どもだけでなく大人も楽しめる折り紙の本も多数売られています。見ているとどれもこれも折ってみたくなるような魅力的な作品が載っています。

　一枚の紙から複雑な形が生まれることは、子どもにとって驚きであり魅力です。ただ実際に折り始めてみると思うようにならずイライラしてしまうことにも直面し、投げ出す結果になることも多々あります。

　**折り紙の基本**　折り紙の端と端をきちんと合わせる。合わせた所を動かさず膨らんでいる折筋の中央をしっかり押さえ、指を中央から端まですべらせて折る。この二つが折り紙の基本です。それがうまくできない、うまくできないから興味も持てなくなる。さらには指先を使うことが苦手になる。という循環に陥るのは容易に想像できます。

　**折ることに慣れる**　初めは飛行機や紙コップ等折る回数が少ないもの、に挑戦すると良いです。折るときの指の使い方や力の入れ方等、何度も折っていくうちにコツも覚え達成感を味わうことができるでしょう。

　**折り紙を楽しむには**　特に飛行機などは、作ったものを実際に飛ばしてみる、もっとうまく飛ぶ飛行機にするにはどうしたら良いか等々、飛行機の形、飛ばし方の工夫にも発展し意欲も高まってきます。

　うまくできなかったことも、何度も繰り返しやっていくと上手にできるようになります。しかし子ども一人では興味も続きません。大人も一緒になって折ってみる。大人が折り紙を楽しんでいる様子から、子どもの意欲も高まっていきます。

**古明地麻利子**

# 折り紙を折る

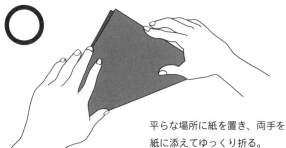

○

平らな場所に紙を置き、両手を
紙に添えてゆっくり折る。

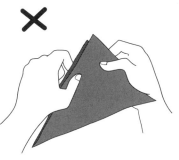

✕

平らな場所に置いてから折らず、
いきなり持ち上げて折る。

✕

角と角を合わせず、すぐに折り目を
つけて折ってしまう。

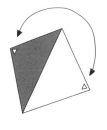

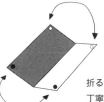

折るときは必ず、紙の角と角を
丁寧にしっかりと合わせる。

# 鉛筆、ハサミ、定規を使う

　鉛筆、ハサミ、定規は身近な道具ですが、正しく使えるようになるには親指、人差し指、中指が自由に動かせることが必要です。手指を使う体験を日常生活の中でたくさんすることが大事です。教えないと正しい持ち方や使い方はできません。大人がよい手本を示し根気よく教えることが大切です。

　**鉛筆の正しい持ち方**　鉛筆の持ち初めは大人が持ち方の手本を見せます。手を添えて繰り返し教えることで、正しい鉛筆の持ち方が身についていきます。最初は文字練習ではなくて、ぐるぐる巻きや絵と絵を線で結ぶなど、遊びを通して楽しく練習させます。教えてもすぐには上手には持てません。子どもの書きたい意欲を損なわないように「上手に持てたね」と褒めることで「また書きたい」と意欲をもつようになります。

　**ハサミの使い方**　ハサミは、子どもが生まれて初めて使う刃物です。扱い方によっては危険な物でもあります。興味を持った時に、正しい取り扱い方や危険性について教えることが大切です。子どもの指に合ったサイズで、開閉しやすく切れやすい物を与えます。最初は一回切りから始めて、徐々に直線切りや丸く切ったり好きな形を切ったりすることにチャレンジしていくといいです。ハサミは開きっぱなしにせず、刃を閉じてきちんと片づけることも習慣づけます。

　**定規の使い方**　定規で線を引くことは、鉛筆と定規の両方を使うので幼児にとっては難しいです。動かないように定規をしっかり押さえて、線を引きます。「上手に引けない」とあきらめる子どももいます。少し曲がっていても「頑張って引けたね」と声をかけましょう。慣れないうちは手を添えてやるといいです。大人と一緒にやることで扱い方に慣れ、直線が引けるようになっていきます。

永野三枝

## 鉛筆

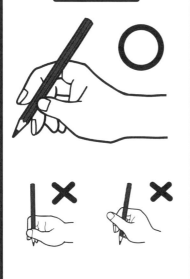

## 定規

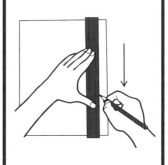

定規に軽く手を添え、出発点と
到着点に印をつける。
定規をしっかり押さえ、出発点
から到着点までを線で結ぶ。

## ハサミ

ハサミを握る所に親指・中指を
入れて、人差し指は外側に置く。

ハサミを握る所に親指・人差し指・
中指を入れる。

✕ ハサミの握る所に指の付け根まで
入れてしまう。

✕ バランスの悪い持ち方だと、刃を細かく
動かすことができない。

# 脱いだ服を片づける

　一人で服の脱ぎ着ができるようになったら、脱いだ服をそのままにしないで、かける、たたむ、片づけるなどの習慣をつけます。

　**片づける場所を決める**　外から帰ってきたら、ジャンパー・コートなどの外着は決まった場所にかけさせるようにし、ハンガーにうまくかけられない時はフックにかけるようにさせます。また、脱いだ服を洗濯する場合は、洗濯かごなど決められた場所に入れさせます。その際、服の袖や裾が裏返しになっていたら、表に返して軽くたたむことやポケットに物が入っていないかを確認することも教えます。片づける方法として、「何を」「どのように」「どこに」片づけるかを具体的に伝えます。例えば、すぐに洗わない部屋着は、たたんで専用のかごにしまわせるなど、各家庭ではっきりとルールを決めておくとよいでしょう。子どもが分かりやすいようにかごに服のイラストや子どもの名前を貼り付けておく工夫もおすすめです。

　**繰り返し教える**　園などでは、制服からスモックや体操着に着替えたり、プール遊びの時に服を脱いだりします。園生活がスムーズに送れるように家庭で一緒に服のたたみ方や片づけ方を繰り返し教えます。習慣となるまで時間がかかりますが、できた時には十分に褒めて、根気強く伝えていきます。成長に合わせて必要な手をかけ、声をかけてやり、徐々に一人でできるようになるまで見守っていきます。

　**楽しくする言葉をかける**　幼児期の子どもは大人と違い、楽しいから片づけるのです。子どもがやりたくなるように「半分こ、ぺったんこするよ」「半分こして、伸びろーってアイロンかけるよ」などと具体的に分かりやすく声をかけるといいです。服が片づいてお母さんが喜んでいる、自分は役に立っていると思えることが大切なのです。　**大崎利紀子**

# 洗濯物をたたむ

　幼児は、２歳頃から着脱衣に興味を覚えるようになり、自分でやりたがります。３歳になるとたたむことができるようになってきます。親が洗濯物をたたんでいるのを見て「自分でたたみたい」と関心をもつのもこの頃です。そのときに「たたむのは楽しい」「手伝いができて嬉しい」と思える体験をたくさんさせることが肝要です。

　**最初は簡単なものから**　最初は、ハンカチや靴下のように小さくて簡単な物から始めるといいです。たたみやすく、子どもも達成感を得ることができます。「平らにして端と端を合わせて半分に折る」「更に半分に折る」ことを繰り返すことで、端を揃えてたたむことにも慣れてきます。一つひとつ区切って、大人がやって見せることが大切です。

　**洋服のたたみ方を教える**　上着やズボンなどのたたみ方を子どもによく分かるように、丁寧に手本を見せて教えます。「上着は両袖を中にたたみ半分に折る」「ズボンは両足を重ねて半分に折る」ことを繰り返し練習することで、自分の衣類がたためるようになってきます。たたむことに慣れてくると、裏返った服を表に返してたたむやり方を教えるといいです。最初はきれいにできなくても、子どもと一緒にたたむ機会を多くもつことで、だんだんと上手にたためるようになってきます。

　**やさしく見守る**　子どもが洗濯物をたたむには時間がかかります。大人がゆったりした気持ちで、子どもがたたむのを見守り、少々きれいにできていなくても「ありがとう」「きれいにたためたね」と声をかけて下さい。子どもは、「手伝いができて嬉しい」と達成感を得ることができます。一人でできたことが自信にもなり、「またやりたい」という意欲につながります。片づける場所を決めてやると、自分の衣類を片づけるようにもなるでしょう。

永野三枝

# 買い物に行く

　「全国家庭児童調査」（厚生労働省、2014年度）によると、未就学児が親と一緒にする行動は「買い物に行く」94％、「室内でのゲーム、ごっこ遊び」81％、「散歩、外でのボール遊び」79％、「お話や読み聞かせ」73％、「テレビを見る」72％、「外出して食事」70％となっています。「買い物に行く」ことは、ほとんどの幼児が親と一緒に日々経験していることのようです。

　**どこで何をどのように買うか？**　買い物先にはスーパー、商店街の個人商店、デパートのほかカタログやネット注文もあります。支払いは現金、商品券、クレジットカードやコード決済等があります。1歳を過ぎて周りを観察できるようになってくると「いらっしゃいませ」「○○下さい」「○円です」「○○ペイでお願いします」「ありがとうございました」などのやり取りをよく聞いています。このような体験があってこそ、お買い物ごっこや一人でのおつかいができるようになります。お店の人になりきってレジ係、看板やメニュー書きも楽しいものです。

　**買い物から得られるもの**　買い物は必要なものをお金で買うだけでなく、商品を見るだけでもワクワクするなど気晴らしや娯楽の側面もあります。一方お店の中では騒がない、不用意に商品に触らないなどルールがあることも学びます。買い物リストや持ち帰り袋を用意する、お店の人に挨拶して欲しいものを伝える、予算内に収まるように工夫する、支払いをしてお釣りを確かめるなどさまざまな能力が必要です。混雑を避け効率よく済ませるために大人だけですることもありますが、子どもにとっては社会体験として学ぶことがたくさんあるのです。旬の食材を見つけて調理を考える、買った物を大切に使う、決まった場所に収納するなど買い物をきっかけに子どもの経験値を拡げましょう。　　岩城淳子

# 祖父母との関わり

　子どもにとって、両親と祖父母はどのように違う存在なのでしょうか。働き盛りの両親に代わって祖父母が子どもの面倒を見てくれる家族もあることでしょうし、おじいちゃん、おばあちゃんとは年に数回しか会えない、子どもにとっては特別な親戚かもしれません。

　**大人同士も無理せず関わる**　大人同士の関係は、子どもへの関わり方にも大きく影響します。時には大人同士の方がお互いに歩み寄りにくいこともあると思います。たとえ関係が微妙でも、子どものことでは感情を傍において歩み寄れるなら良いのですが、難しいなら無理をして子どもの前でとりつくろうより、大人同士も無理のない距離をとるほうが良いこともあるでしょう。子どもの理解する力は鋭いものですから、両親や祖父母が裏表なく、大人らしい関わり合いをしている姿を見ることで学ぶことがたくさんあります。

　**労りの心を育てる**　歳をとった家族との関わりの中で子どもは無意識のうちに人の一生の理解や、労りの気持ちを育むことができます。また、どんな時でも自分の味方になってくれるやさしいおじいちゃん、おばあちゃんの存在は、子どもの自信を育ててくれることでしょう。

　**子育ての役割分担を**　子育てまっただ中の母親と父親には、子どもの育ちのために厳しさを持って向かい合わなければならない場面がたくさんあります。子どもが両親に叱られ悲しい気持ちになった時、その気持ちを子どもの味方になって受け止めてくれる身近なやさしい大人の役割は祖父母にうってつけといえるでしょう。あらかじめ日頃から子育ての役割分担を大人同士で話し合っておくのは難しいことですが、両親とは違う立場、違う目線から子どものことを思ってくれる存在になれるのが、おじいちゃん、おばあちゃんではないでしょうか。

藤田寿伸

# 手伝いをする

　手伝いは、社会で生きるために必要なことを学ぶ第一歩です。そのために、親は子どもに身の回りのことができるようにさせ、周りの人とコミュニケーションを築けることができるようにさせることが大切です。

　**手伝いの効果**　①親子の関係作り　同じ時間を過ごすことで親子の会話が増え、楽しい経験を共有できます。②働く充足感と自己肯定感をもつ　家族のために仕事をして喜ばれることは、大きな充足感となり、信頼されているという自信をもつようになります。③自立への一歩　身の回りのことができるようになることは、自立するための第一歩となります。④生活の仕方と考える力がつく　衣食住に関するさまざまな知恵や工夫を凝らすことで、さらにもっとうまく早くできるように試行錯誤しながら考える力がつきます。⑤責任感と忍耐力の育成　子どもが自分の任せられた仕事を毎日続けることによって責任感と忍耐力が育ちます。

　**家庭生活の手伝いから**　子どもは２歳頃から、親が家事や手仕事をしているのを見て、興味をもって真似をしたがります。忙しい時に子どもに手伝ってもらうことは、逆に仕事が増えて嫌がる親も多いです。しかし、この時期こそ、生活に必要なことを身につけさせる大きなチャンスです。簡単にできそうなことから教えていきます。

　**子どもの意欲を高める**　子どもが手伝いをして楽しい、家族から喜ばれているという思いを感じ、またやりたいと思えるように「助かった、ありがとう」などと温かい言葉をたくさんかけます。もし、時間がかかり過ぎて、予定の料理ができなくても、掃除が不十分であっても気にしないでください。それよりも子どもが手伝いをする意欲を大切にしましょう。子どもは、手伝いを通じて多くのことを学び、将来必要となる自身の力を蓄えているのです。

大﨑利紀子

# 留守番をする

　現代社会において、子どもに留守番をさせるということはリスクの高いことと考えます。冬場の留守番で火事が起き、子どもがその犠牲になったり、親の帰りを待ちわびマンションのベランダから転落したりしてしまう等の痛ましい事故報道もあります。

　しかし、家庭生活の中では、どうしても留守番をさせなければならない状況もあるかと思います。そのような時に備えて、日頃から子どもが一人で家にいる時の安全を考えておくことが大切です。

　**安心感を持たせる**　子どもは親から離れることにとても不安を感じます。親が家の中のトイレに行くことでさえ後追いをする子どももいます。親から離れる不安感から、大人が考えもしない行動に出てしまうことがあることに気をつけなければなりません。安全に留守番させるには、まずその不安感を取り除くことが大切です。不在時間はできるだけ短く、親が何の用事でどこに行くのかということを子どもの理解力に合わせて伝えていくことは、子どもの不安感を少し和らげることになります。

　**留守番での約束**　一人でいる時はドアのチャイムが鳴っても開けない、決まった電話以外は出ない、台所のコンロや包丁等の物は触らない、家の中で静かに遊んで待っている等々の約束事をきちんと決め、なぜそのような事が必要かということを、色々な場面でも話をし、きちんと理解し実践に結びつけられるようにしていくことが必要です。

　**家の中は安全か**　けがの原因になるものや、窓やベランダからの落下につながる足場になるようなものを置かない等の配慮が大切です。

　また、留守番の子どもが困った時に頼れる隣人がいることが親子の安心につながります。もしもの時に助けてもらえるように、日頃から近隣の人との付き合いも心がけていくことです。

古明地麻利子

# 電話対応をする

　携帯電話の普及により、家庭での固定電話の所有率は、世帯主がいる20代で5.1%、30代で19.6%、40代では65.6%と若い世代ほど減少しています（総務省「通信利用動向調査」2020年）。以前は、固定電話を家族みんなで共有していました。そのため、家庭で電話の受け応えや言葉づかいを教えていました。今は携帯電話でどのように応対したらいいのか、幼児期から練習をしておきましょう。

　**電話のかけ方**　初めは家族で練習してから、子どもが親しくする友達の家族にお願いをして、その友達へかけさせてみてください。「○○です。こんにちは。○○ちゃんいらっしゃいますか？」と自分の名前を名乗り、挨拶をして、誰と話をしたいのかを伝えます。

　**電話の受け方**　友達の母親同士が知り合いで相手の子どもがこちらの携帯に電話をかけてきて名乗ったら、「○○ちゃん、こんにちは。今、代わりますね」と言います。その携帯を子どもに渡したら、子どもは「もしもし、こんにちは。○○です」と挨拶と名前だけでいいでしょう。固定電話の受け方も練習してください。「はい、もしもし。（相手が名乗らない時は）どちら様ですか？　こんにちは。おかあさん（おとうさん）に代わりますのでお待ちください」と相手の名前を聞き、知り合いの場合は挨拶をして親に代わります。防犯対策のために子どもには自分の名前を名乗らないようにさせましょう。

　**留守番の時**　固定電話があると、子どもが電話に出て相手に迷惑をかけたり、個人情報を流してしまったりすることがあります。留守番電話にセットして、子どもには防犯のために電話に出ないよう伝えます。親からの電話の場合は、留守番電話から「お母さんですよ」と、聞こえてから出ることを約束させましょう。

**大﨑利紀子**

# 動植物を育てる

　ゲームやインターネットの普及で、幼児の生活が自然の世界から遠ざかっています。幼児期に動植物に触れることは大切です。命あるものを扱うことを十分に意識しておくことが肝要です。

　**下調べ・準備からはじめよう**　ペットや植物を育て始める前に下調べ・準備することが必要です。どのような環境が必要なのか、世話の仕方・病気や危険について、ペットの場合は匂いや鳴き声・アレルギー等の問題があります。ご近所への配慮も必要です。一緒に調べることで、その後の世話に関しても興味を持ちやすくなります。子どもの飼育経験をさせることが可能なのか、家族や保育者全員で話し合いその動植物について共通の理解をすることが必要です。下調べ・準備の段階からすでに飼育や栽培の経験が始まっています。

　**子どもと一緒に考えよう**　また子どもの役割を事前に決めておくとよいです。どんなことをするのか、何が難しいのかを子どもと共に考え、途中でやらなくならないように約束をしておきます。最初は嬉しくて一生懸命取り組みますが、少しずつ飽きてしまって世話が面倒になってきます。かわいい時だけ世話をするというような自分勝手な態度につながります。世話をしないと死んでしまう、枯れてしまうことを繰り返し伝える必要があります。

　そして、命あるものは必ずいつかは死を迎えます。動物の死は子どもに大きなショックを与えるかもしれません。状態にもよりますが、死んでしまった動物に触れて死を感じることも時には必要です。子どもが悲しむのはかわいそうだからといって、子どもの目に触れないうちに大人が処分してしまうのは非常に残念なことです。そして、世話終了後には必ず石鹸で洗うことを習慣づけましょう。また、アレルギーのある子どもたちへの配慮を十分に行うようにします。

谷田貝円

# 習い事に通わせる

　近年、習い事の種類も増え、多様な習い事に通う子どもも増えてきました。親が子どもに習い事に通わせる理由として、「視野を広げてほしい」「能力を伸ばしたい」等があげられます。

　**習い事に通わせるとき**　幼児期の習い事の多くは、親が決めて通わせることが多いです。幼い子どもは自分の意志を明確に表現することが難しいため、通うようになった後も子どもの様子をよくみてやってください。たとえば、音楽教室の場合、集団になじめなかったり、先生から叱られることが多かったりするとどうでしょう。子どもにとって習い事は苦痛な時間になってしまいます。もし、親が叱咤激励しながら続けさせようとすると子どもの心は傷ついてしまうかもしれません。習い事に通わせるときは、常に子どもの立場に立って考えてください。

　**家庭と地域で育つ子ども**　子どもは家庭で育っていくことが基本となります。家庭生活を通して子どもは「はじめての経験」を積み重ねていきます。地域の子育て支援センターへ行けば、家庭でできない遊びや学びの機会があるでしょう。園に通うようになれば、集団の中で遊びや生活を共にすることや行事を経験ができます。こうした経験を通して、子どもの興味のあることが見つかるかもしれません。

　**子どもの成長過程で**　子どもの成長過程で親が子どもの興味・関心や得意なことをみつけたり、子どもから特定の習い事に通いたいという意志を示したりした時は通わせてみるものいいかもしれません。ただし、習い事は、必ず通わさなければいけないものではないことも理解しておきましょう。また、子どもの状態によっていつでもやめることができるものです。家庭の事情も含め、子どもにとって本当に必要かどうか見極める目をもってください。

藤田久美

# 小さい子をかわいがる

　子どもが成長する過程で自分より小さい子どもをかわいがっている姿を目にした時、親は成長したわが子の姿を目にして、笑みがこぼれてしまうでしょう。

　**愛される経験を基盤として**　子どもは幼い頃から身近な大人に愛情を注がれながら育っていきます。「思いやり」や「やさしさ」は、言葉で教えるものではなく、親との温かいふれあいの中で育てていくものです。小さい子どもをかわいがる姿を目にした時は、これまで親であるお母さんやお父さんが愛情を十分注いできた証と思ってください。

　**大人をモデルとして育つ子ども**　子どもは幼い時から、身近な大人の姿に影響を受けます。発達心理学では「模倣」といいますが、簡単にいうと親の「真似」をして育っていくのです。「真似る」の語源は「学ぶ」です。つまり、子どもは親の言動を真似して育っていくのです。親がわが子をかわいがるということはもちろんですが、親が子育てを通して出会う子どもに接している姿をみて「学ぶ」こともあります。親の姿をモデルとして育つことを心得ておきましょう。保育者も同じです。

　**思いやりややさしさを育てるために**　自分より小さい子どもをかわいがることができる心が育つことはとてもすばらしいことです。そういった行動ができた時は、言葉にして褒めてやってください。そして、誰かが困っていたり、悲しい気持ちになっていたりしたら、気づいて、何らかの行動ができた時は、その行動をしっかり肯定してやってください。4、5歳頃になると、他者にも自分と同じように「心」があることがわかり、人の気持ちを理解できる感情が育ちます。このような時期に、子ども同士で関わる機会を与え、小さい子どもをかわいがる経験がたくさんできるといいでしょう。

藤田久美

# 体の不調を言える

　大人が体調不良の際、「体がだるい」「熱っぽい」「おなかが痛い」といったように表現します。これは、体の不調を自覚し、言葉の意味を理解した上で表現しています。子どもが不調を言えるようになるためには、発達状況が影響しますので、ステップが必要になります。

　**親が子どもの不調に気づく**　子どもは、体調がよいときは活気があり機嫌が良いものです。機嫌が悪い、食欲がない、動きが悪い、ボーッとしている等、日頃と異なった様子があれば、体調が悪いことが考えられます。このような症状があっても、子どもは、自分の体の不調に気づきません。まずは、親が気づき、熱を測り、子どもの体を触りながら、痛いところはないか聞いていく。このような関わりの繰り返しによって学習していきます。そして、年齢とともに自分自身の体の状態に気持ちを向けることができるようになっていきます。

　**たくさん話しかける**　言葉の発達は、親との情緒的な関わりが基本になります。自分のすべてを託している親と話をしたいという思いから、一生懸命に親が語りかけてくれる言葉を真似して覚えます。子どもがまだ話ができなくとも、日常生活の中の子どもの行動に合わせて親がたくさん話しかけていくことが大切です。親が子どもに楽しそうに話しかけることで、子どもは会話の楽しさを覚えていきます。

　**体の部位を教える**　子どもの言葉の発達に合わせて体の部位を少しずつ会話や絵本などで教えていくと良いです。頭が痛くとも「ポンポン（おなか）が痛い」といったように、最初は痛い部位と言葉が一致しません。日頃の子どもとの関わりの中で、言葉を繰り返し使い、笑顔をかわせる会話を心がけましょう。体調不良時には訴えるようになり、少しずつ表現豊かになっていきます。

糸井志津乃

# 薬を飲む

　子どもが薬を飲むときに、積極的に飲むことは少ないと思います。特に苦みが強い薬などは、飲ませる方法に苦労をされている保護者も少なくありません。食べ物と混ぜたことで特定の食品を取らなくなったことや、水に溶いた際に水が多すぎて、薬を残すことになった経験はないでしょうか。子どもが薬を飲む行動がとれるようになるためには、自尊心を高めて達成感を引き出すような工夫が必要になります。

　**子どもの理解と納得を促す**　子どもが薬を飲むことの必要性を理解し納得することは、自主的な行動につなげる効果があります。子どもに病気のことや薬の効果について説明する時に、子どもが好きなキャラクター等を利用して丁寧にわかりやすく行い、子どもの納得を促しましょう。そして、できたことを褒めることで、成功体験となり前向きな行動につながっていきます。

　**シールやスタンプの活用**　子どもが薬を飲めた時に、子どもが好きなシールやスタンプ等を、カレンダーに貼るといった工夫をしてみましょう。薬を飲むことの頑張りを認められ、楽しみができることで、子どもの意欲を維持する効果があります。子どもが飲もうとしてもダメな場合では、叱るのではなく嫌な気持ちを受け止め、頑張りを認めることが大切です。嫌な原因がわかれば、解決の糸口がつかめます。

　**薬の飲ませ方**　薬を飲ませる際に、親の表情には気をつけます。怖い顔をしていると、子どもが不安や恐怖を感じ、薬を飲むときは嫌な時間として認識され、飲まない原因になります。薬局に売っている服薬補助ゼリーを使用すると飲みやすく味も隠れます。食品との飲み合わせでは、薬の効果に影響のあるものがあります。医師に相談し、同じ効果の別の薬に交換してもらうことも大切です。

糸井志津乃

# 正しい姿勢を取る

　体の背骨は真横に見るとＳ字になっていて、重たい頭や首を支える
ときの衝撃を和らげる、いわばサスペンションの役目をしています。こ
のＳ字カーブが崩れると、姿勢が悪いという見た目だけではなく体に
負荷がかかることでバランスが崩れて不調が出てきたり、集中力の低下
を招いたりします。

　**椅子の調整**　子どもの姿勢が特に気になるのは、椅子に座って食事や
勉強、読書をしているときではないでしょうか。猫背になったり、机と
の距離が近すぎたり、足を組んだり、頬杖をついていたりするのは悪い
姿勢の典型例です。何度注意しても姿勢が正されない場合、もしかした
ら、椅子や机の高さが合っていないのかもしれません。座面の高さは、
足が床につき肘が机にちょうどつくくらいの高さに調整します。足が床
に届かずぶらぶらしていると、踏ん張ることができず食べ物を噛んだり
ペンを持ったりする力が入りにくくなります。いつの間にか体が大きく
なっていて合わなくなっていたということがないように、時々確認する
ようにします。

　**体力づくり**　正しい姿勢を身につけるためには、体を支えるために適
度な筋力も必要です。筋力がないと、正しい姿勢をしてもすぐに疲れて
崩れてしまいます。近年、運動する子としない子の二極化が指摘され、
しない子の体力低下が懸念されています。外で体を動かして遊んでいた
時間がゲームやスマホの時間に取って替わったことが一因でしょう。さ
らに、椅子に座って知識を増やすことよりも体を動かすことを軽視する
大人の意識変化も否めません。幼児期や学童期は、体の基礎をつくる発
達段階にあります。適度に体力をつけ、体幹を鍛え、正しい姿勢を身に
つけられるようにしていきたいものです。　　　　　　　濱野亜津子

# 過保護、過干渉にしない

　過保護とは親（保護者）が子どもに対して取る養育態度の一つです。子どもに対して過剰なまでに保護的な態度をとることを言いますが、過干渉、過剰介入の意味合いで受け止められており、不適切な養育の在り方であるという認識がされています。

　**過保護と過干渉**　過保護は過干渉と混同されやすい用語ではありますが、過保護は子どもの望むことを養育者が先回りしてやることを指し、過干渉は子どもの望まないことを先回りしてやることとして区別する意味合いもあります。アメリカの心理学者サイモンズ（P. M. Symonds' 1893〜1960）による養育態度の研究では二つの類型がよく知られており、過保護は支配と受容に偏った養育態度の類型とされています。

　**過保護と過干渉の弊害**　子どもに任せて見守ることが身体的、精神的発達を援助することになります。しかしその発達や年齢を考慮せず、子どもの気持ちに沿った対応であるよりは、保護者自身の願いや不安から導かれた過剰な対応をして、発達を阻害してしまう場合が多いのです。過保護や過干渉の関わりによって、子どもは依存性が強くなり、自主性に乏しく、自信を喪失し、神経質になります。その結果、友達と遊ぶことを回避したり、集団生活の中で不適合を起こしたりしやすくなります。

　**保護者の心構え**　保護者は、他者からは明らかに過保護に見えるのに、自分では十分に愛情を注いでいると錯覚し、自覚しない場合が多いのです。どのような状況の時にしっかり保護すべきか、見守っていくべきかを見極め、子どもと接するようにしましょう。つまり過保護や過干渉に陥らないためには、保護者が自身の行為を振り返り、愛情が間違った方向に向かっていないか、また過保護や過干渉になっていないか、自省する必要があるのです。

福田真奈

# 放任

　過干渉の対極の概念として「放任」があげられます。両者に共通して
いることは、子どもに大人として、良いこと、悪いことなどの基準であ
る、基本的社会規範を教えないことです。そして、子どもがよいことを
したときに、子どもを褒める、認めるなどの反応をフィードバックする
などして、保護者が子どもに対して適切なしつけや養育を行っていない
ことが挙げられます。

　**放任の弊害**　アメリカのサイモンズ（Symon, P.M. 1893-1960）によ
る養育態度の研究において、「支配－服従」「受容－拒否」による二軸に
よる類型がよく知られており、これらの組み合わせから養育態度を過保
護、溺愛、無視・放任、残酷の４つの型に分類しました。放任は服従と
拒否に偏った養育態度の類型とされています。放任の態度は子どもに欲
求不満や不安を与え、健全な人間性の形成が促されず、さまざまな心理
的な問題を抱える場合が多いのです。極端な養育態度は子どもの望まし
い性格を形成するのに適しません。幼児期の持続的な虐待によって、性
格の歪みやPTSD（外傷後ストレス障害）などの重い心理的障害を生じ
る場合もあるのです。

　**親の養育態度と子どもの人格形成の関係**　親の養育態度の関係と子ど
もの人格形成との間に関連性を見出すものの、必ずしも特定の養育態度
が特定の人格形成に結びつくものではありません。現在では親の態度、
行動が子どもに与える影響だけでなく、子どもの態度、行動が親に与え
る影響も検討する相互的な研究が進んでおり、保護者と子どもの相互の
観点からも検討されています。子どもとの関わり方がわからない、忙し
すぎて関われない、といった理由があるときは、保育施設や子育て支援
センターになどに相談することが大切です。

福田真奈

# テレビ

　子どもがテレビばかり観ると、眼に悪いのではないか、番組の内容が悪い影響を与えるのではないか、と親なら誰でも心配になるものです。

　**乳幼児とメディア**　乳幼児の親子のメディア活用調査(ベネッセ、2017)によれば、乳幼児の1週間に接する頻度において、テレビ番組は1歳児で83%、ビデオ・DVDは2歳で26.9%がほとんど視聴していました。スマートフォン、タブレット端末は、全年齢で接触頻度が増加していました。また親が家事で手が離せないときに使っているメディアはテレビ、ビデオであり、外出先の待ち時間にスマートフォンを使っている割合は2〜3割でした。

　**大きな影響力を持つテレビ**　視聴時間と子どもの問題行動との関連も懸念されています。視聴時間の長い子どもは攻撃性の高い子どもが多いこと、子ども部屋にテレビがある子どもはテレビ視聴時間が長く、学業成績が低いことがわかっています。「知的開発」を宣伝文句にした早期教育ビデオを毎日30〜1時間見せられた2歳児は3歳の時点で言語や認知、社会性の発達がかなり遅れてしまうというデータ（Zimmermanら、2007）が発表されました。子どもは社会的なやり取りによって発達するので、一方的な情報に流すビデオに晒されることは子どもの発達に悪影響を与えるのです。

　**テレビ視聴を効果的にするために**　受動的になりがちなテレビ視聴ですが、番組の内容について話し合ったり、見たことを実際の活動の中に取り入れたり、遊びの中に生かすことができれば、受動的に見るより、かなりの前進です。幼児期にはテレビやビデオDVDを見ておけば、子どもが何かを勝手に学習するわけではないのです。低年齢であるほど、一緒に視聴し、そのイメージを共有し、適切な援助を与えてくれる大人の存在が必要だと言えます。

福田真奈

# スマートフォン

　子どもがスマホを利用するときに注意したいのは、子ども一人だけでスマホに向き合う時間をなるべく短くするということです。親や周囲の大人が、子どもと一緒にスマホを見るようにし、見た内容について、子どもとコミュニケーションを試みる時間をつくることが大事なのです。スマホを幼児が使用するとき、気をつけたいのは長時間のダラダラとした利用が続いてしまうことです。

　**使い方を「約束」する**　5〜6歳頃になると、時間の概念が少しずつ身についてきますから、利用を止める時間を子どもと一緒に決めることができるようになってきます。一緒にアナログ時計を見ながら、「いつまで見ることにする？」「長い針が『6』になるまでにしようか」などといい、その時間になったら止める「約束」をするとよいでしょう。ただ、小学校低学年頃までは、子どもの時間の概念はかなりあやふやです。ある遊びに集中しながら、同時に時間の進み具合も気にする、というのは、注意を二つに分けて同時進行させることに他なりませんから、厳密に刻限を守らせるということは、幼児期の子どもには難しいことだということは知っておく必要があるでしょう。

　**親自身のスマホ使いを振り返る**　3〜4歳児の場合、自分の「見たい」という欲求を自分で抑えて、我慢する力が十分育っていませんので、親が態度で示す必要があります。その際、子どもを頭ごなしに大声で叱る、無理やり取り上げるなどの振る舞いは避けましょう（3歳未満の幼児には、なぜそんな恐ろしい思いをさせられているのかが理解できず、萎縮してしまうからです）。子どもによるスマホなどの利用態度は、保護者からの影響が大きいものです。保護者も、自らのスマホの使い方について、立ち止まって考えてみることが必要でしょう。

吉田直哉

# 靴をそろえる

靴がそろった玄関は気持ちがいいものです。子どもが家に帰って来た時、靴を脱ぎ散らさずそろえていますか？「いくらいっても靴をそろえない」といった声をよく聞きます。靴をそろえることは、大人が生活の中で手本を示し、子どもに教えていかないと身につかないものです。

**興味を持った時に**　子どもが靴に興味を持ち始め、自分で靴を脱いだり履いたりしたがるのは2歳頃からです。2歳6ヶ月になると自分でできるようになります。「自分でやりたい」というこの時期に、靴をそろえることも教えるといいです。その機会を逃がして「また、脱ぎっぱなしにして」と注意してもなかなか身につきません。

**そろえ方が分かるように**　「きちんとそろえなさい」と口先でいっても子どもはそろえかたが分かりません。「履いたままの向きで靴を脱ぐ」「上がったら座って靴を持つ」「靴の向きを変えてそろえて置く」一つひとつの動作を丁寧に見せて、子どもと一緒に行うことが大事です。これらの動作は、大人にとっては簡単でも、幼児には難しい動作です。繰り返し練習することでできるようになります。自分でそろえることができるようになってもすぐには習慣になりません。「そろえると気持ちがいい」「向きを変えると次に履く時に履きやすい」と感じて、いつもそろえるようになるまで、根気よく声をかけることが大切です。

**色々な場で応用する**　玄関で自分の靴をそろえることができるようになると、靴箱にそろえて入れることもできるようになります。「よくできたね」と褒めてやると、子どもは喜んでやろうとします。行動範囲が広がる年齢になると友達の家や習い事、お店に行くことも多くなってきます。家庭で靴をそろえることが習慣になっている子どもは、外でも靴やスリッパをそろえるようになります。

永野三枝

# ごみを捨てる

　最近は環境に影響を及ぼすごみ問題について、家庭でも考えるように
なってきました。子どもが、ごみの捨て方やリサイクルなどに関心を持
ち、自分から進んでごみを捨てることができるように、大人が手本を示
していくことが大切です。

　**自分のごみを捨てる**　子どもが制作したりお菓子を食べたりするとご
みが出ます。ごみが出ると誰かが片づけなくてはいけないことを伝え、
自分が出したごみは、自分でごみ箱に捨てるようにしましょう。近くに
ごみ箱がない時は、子どもと一緒に包装紙やチラシでなどで作ったごみ
箱をそばに置いておくと便利です。「きれいになったね」と褒めてやる
と子どもは、進んでごみ箱に捨てるようになってきます。

　**ごみの分別を教える**　自分のごみを片づけるようになると他のごみに
も関心をもつようになります。生活をしていると色々なごみが出ること
に気づきます。ごみには色々な種類があることを生活の中で理解させま
しょう。プラスチックやビン・缶などの資源ごみについても分かるよう
になってきます。ごみの分別を教え、それぞれどこに捨てたらいいか、
子どもに分かるようにしておきます。大人がしていることを見て、子ど
もも家庭のごみの始末ができるようになってきます。

　**ごみ問題を身近に**　スーパーやコンビニの店頭には回収ボックスが置
かれています。子どもと一緒に買い物に行った時に、ごみがリサイクル
できることを教えましょう。地域や園の清掃活動に参加するのもいいこ
とです。ごみのポイ捨てをしないことや外でのごみは持ち帰ることなど
活動を通じて学ぶことができます。みんなでごみ拾いをすることで達成
感を得ることもできます。大人が意識してごみ問題に取り組むことで、
子どもも自分で考えて行動できるようになります。

永野三枝

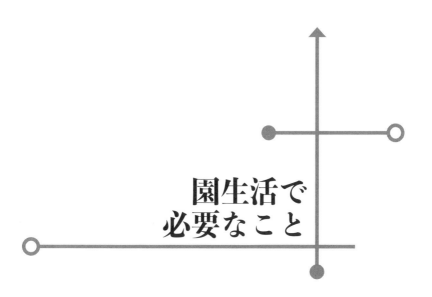

# 園生活で
# 必要なこと

# 意思表示ができる

　子どもは成長するにつれ、自分の意思表示をするようになっていきます。保育施設に通う前に各家庭で子どもから家族にきちんと意思を伝えるところから始まりますが、この場合保護者がきちんと聞いてやることが必要です。

　**安心感を育む**　それにより子どもが安心感を持ち、より進んで自分から気持ちを伝えてくることができるようになります。聞くだけではなく、こちらからも子どもに意思表示を行い、それを子どもが受け止めて聞く、という態度も育てていくように心がけましょう。なにかと忙しく話を聞いてやることができる時間も少ないかもしれませんが、大人が子どもの意思表示をしっかり受け止め、それに返してやることが大切です。その繰り返しによって、子どもの意思表示をする能力は高まっていくと考えられています。

　**園における意思表示**　園では友達を作り、毎日の保育生活を行ううえで自分の意思表示をきちんとできることが大変重要になります。この場合、日々の遊びの中から身につけていくことがよいでしょう。最初は十分に言葉だけでは意思表示のできなかった子どもも、身体や歌などを使って足りない部分を補完し、少しずつ保育者や友達と信頼関係を築いていけるようになります。通常、意思表示は、自分にある程度の自信がついている子どもにとっては得意な行動ですが、そうでない子どもにとっては、自ら話しかけるという、最初の段階がなかなかできないこともあります。その場合には大人側から、子どもが意思表示をしやすくなるように問いかけ、話しかけることで気持ちを引き出してやりましょう。その繰り返しにより子どもは保育施設などでも友人関係が増え、その中から自然と意思表示をする力を増やしていくことができます。**野末晃秀**

# 子どもが自分の不調を先生に話す

　園の先生に対して、子どもが自分から体調のことを安心して話せるようになるには、家庭との信頼関係を築かなければなりません。その日の健康状態はもちろんのこと、家族構成、生育歴、性格、興味、交友関係など、正確に園や担任の先生に伝わるようにしておき、変更があった場合は必ず届け出をしましょう。子どもの体調は急変しやすいので、園で具合が悪くなることはよくあることです。保護者は、子どもに「体調が悪いときは我慢せずに担任の先生にすぐに伝える」ことを、普段からきちんと伝えておきます。

　**伝えることのできる年齢は？**　自分の身体の部位（目、耳など）を子どもが理解することができるのは生後18ヶ月経過頃といわれます。「痛い」「熱がある」「だるい」といった表現を正確に理解して使用することができるようになるのは、学童期頃と言われています。子どもが自分の身体の不調を伝えることは困難なことが多く、通常は機嫌を悪くしたり、泣いたりすることで体のつらさを表現することになります。身体表現や表情などで不調を訴えている子どもの様子を見逃さないで、くみ取ってやることができるようにしておきたいものです。

　**大人が理解してやる**　身体の不調を訴えた場合、大人は子どもに対しどの部分に痛みやつらさを持っているのか、丁寧に聞くように心がけます。言葉かけも「すぐにお医者さんにいこう」というような発言は控えて、子どもが少しでも安心できるような環境を作ります。園と保護者が子どもの体調を理解し合い、その部位の名称や症状を確認することで、子どもは自らの身体の不調を正確に伝えることができるようになります。それはすぐに成り立つものではありませんし、ある程度の年齢になっても困難な場合があります。

野末晃秀

# 先生の指示に素直に従う

　園の集団生活において、先生の指示に従うということは大変重要なことです。言葉で行動を調整できるようになるのはだいたい3歳以降と言われています。言葉の理解が不十分な時期は思い通りにならないとかんしゃくを起こすこともあります。これらは成長に伴って改善して、だんだん減っていきます。

　**身につけたい基礎的体験**　幼児は、自分の安全確保や行動予測、意思決定能力が極めて未熟な状態です。幼児期に、並んで歩く、順番を待つ、目標まで全力疾走する、静かにする、などの行動を行事や遊びを通して体験することが、大人になってからの公衆道徳の遵守、災害時の避難行動につながります。安全に対する意識や行動予測などの基礎的体験ともいえるでしょう。危険を回避する能力が不十分な幼児期は「先生の指示に従う」ことが重要なのです。

　**自己抑制力を養うために**　幼児期に自己主張が強く、大人の言うことを聞けないというのは育て方の問題となります。幼児が大人に勝るほど意思決定や安全感覚が優れているということはありえないことです。自己中心性に満ちあふれた幼児期に、社会通念を少しずつ教えて自己抑制力を獲得させてやらなければなりません。集団生活で先生が出す指示に素直に従うことは、自己抑制の具体的な場面といえます。従うことができたら褒めてやり、指示の内容や場面によってはできなければ叱ったり、言い聞かせたりもしなければなりません。

　そして、素直に育っていったとしても、自我の発達とともにその素直さは影を潜めてしまうかもしれません。しかし、小さな時に脳に刷り込まれた経験が、反抗期を過ぎた大人になってから思わぬ時に役立ったり、言葉に出たりするものです。

石井惠子

# 人の話を素直に聞く

「聞く」ことは、人の話に集中し、相手の気持ちを理解できるようになるための基本です。音声を敏感に聞き取る力は、子どものほうが優れています。語彙力や表現力をつけるためにも「聞く」力は大事です。

**自己主張すること**　言葉の理解が不十分な時には、自分の思い通りにいかない時に泣き叫んだり、場面が変わっても気持ちが切り替えられなかったりする時期があります。これらの行動は、相手にも「自分の気持ちをわかってほしい」という思いがあるということを理解するためのステップとして、ある時期なくてはならないものとも言えます。

**「聞く」力を育てる**　「話す」ことと「聞く」ことは、同時にはできません。相手の話の途中に、口を挟んだり無視したりせずにじっと我慢することも必要です。

①子どもは、周りの大人の様子をよく見ています。まずは、大人同士が見本となるような会話をしているか、振り返ってみましょう。子どもに向かって話す時は、ガミガミ、クドクド一方的な話では聞こうとしなくなってしまいます。そして、子どもの話を聞く時は、何かしながら背中で聞くのではなく、きちんと向き合って顔を見ながら話を聞きます。大人が自分の話を聞いてくれている、自分の気持ちをわかろうとしてくれているという姿を見て、「人の話を聞く」ということがどういうことかを学んでいきます。

②「聞く」ために注意を集中させることも大切です。しりとりや「今から言うことを○○さんに伝えてね」などの伝言ゲームは楽しく「聞く」力をつけるのに有効です。「本の読み聞かせ」はテレビやビデオと違って子どもの反応に合わせて進めることができるだけでなく、「今は静かに聞くとき」というよい練習の機会となります。

石井惠子

# 登園、降園時に先生に挨拶する

　「先生おはようございます」と子どもが元気に登園する姿は、微笑ましいものです。園生活に慣れて、日々楽しく過ごせるようになると、そんな姿が見られます。そのためには、大人達が環境作りをすることが大切です。

　**園生活に慣れる**　入園は、家族から離れて初めての社会に出ることです。楽しみでもありますが、不安もあり緊張します。最初から元気に挨拶というわけにはいきません。登園時に比べ、降園時はお迎えにほっとして、「先生さようなら」がスムーズにいえるかもしれません。最初はどちらも、親の促しがないと自らは難しいと思います。子どもの心理を考慮して、焦らず対応してください。

　**挨拶ができるようになる為に**　挨拶は、入園するために必要なわけではなく、それまでの生活の中で習慣化しておくほうが良いことです。家族間はもちろん、日々関わる周囲の人達との間で挨拶が交わされる日常が必要です。もう一つ大切なことは、入園前子どもに対して、園には信頼できる先生や一緒に遊べる大勢の友達がいることを知らせ、期待感を持たせておくことです。「〇〇ができないと入園できない」とか「園で〇〇すると先生に叱られる」等と、脅すような発言はせず、親も園を信頼し入園を楽しみにしている姿勢が望ましいのです。

　**帰属意識**　園は子どもがお世話になっている大切な場所であり、その組織の一員であるという帰属意識を持ち、登園・降園時には親もきちんと挨拶することです。親から信頼されている園は、その信頼に応えようとします。双方の良好な関係が、子どもを伸び伸びと育て、彼らが自ら「先生おはようございます」「先生さようなら」と元気に言えることへと導きます。

清水美智恵

# 先生の言ったことを家族に伝える

　園生活に慣れてくると、帰宅後、一日の様子を詳しく家族に話そうと
する子もいれば、なかなか話さない子もいます。話さないからといって、
無理に聞き出そうとせず、話せる雰囲気を作ってやってください。

　**話を聞く**　先生が話したことや友達が話したこと、友達とけんかした
ことや泣いたこと等、詳しく伝えようとする子は女児に多い傾向にあり、
園の様子が手に取るようにわかるという親もいます。子どもの話はしっ
かり聞いてやってください。その中に「先生が○○を伝えて」という内
容があったら「伝えてくれてありがとう」と褒めてやることです。

　**急がば回れ**　一方、何も話さない子の場合は、聞き出そうとするので
はなく、家でリラックスできる時間を作ってやりましょう。一緒にお風
呂にゆっくり入ったり、絵本を読んだり、眠りにつくまで傍にいたり。
リラックスできると話したくなるかもしれません。先生からの伝言を伝
えなかったことが後でわかっても、叱らないでください。園から家庭へ
の大切な連絡事項は、必ず伝わる方法をとるはずです。

　**自ら話せるのを待つ**　園の様子を話さない子の親は、心配で質問した
くなるところですが、子どもが自ら話せる日が来るのを待ってやってく
ださい。心配事は連絡帳を使って先生に聞くことです。園生活が楽しく
なると、子どもはそれを親に伝えたくなります。園生活を楽しめるよう
になるには、安心して親から離れ、先生や友達の中に入っていかれるこ
とが必要です。安心して親から離れられるようになるには、親から充分
に愛されている実感が必要です。家では充分甘えられ、言いたいことが
言えて、リラックスできる雰囲気を作ってやってください。そうすれば、
園生活を楽しみ、園の様子を話したくなり、先生の言ったことを伝えら
れるようになるでしょう。

清水美智恵

# 手紙を家に持ち帰る、園に届ける

　園に通い始めるとさまざまなプリント類やお便りなどを持ち帰ったり、保護者からの手紙などを保育者に届ける機会が生まれます。そのことがトラブルの発端とならないように、大人が十分配慮し、適切にフォローしてやらなければなりません。

　**子どもであることを忘れずに**　園からのプリント類などを忘れることなく渡すことのできる子どもと、渡さずにだまっていたり忘れてしまう子どもがいます。年齢的な問題や性格的なものによって、その行動を適切にできるかどうかにはそれぞれ差異がありますが、忘れてはいけないのはあくまでも子どもであるということです。その日の気持ちや調子、あるいは他に優先したいことがあれば普段はできる子どもであっても忘れてしまうことがあります。過度に子どもだけにプリント類などの提出をまかせるのではなく、「今日は何かあるの？」とプリント類の有無を尋ねたり、通園カバンの中をチェックしたりするなど、保護者として必要な毎日の確認行動を忘れないようにしましょう。

　**園に届けさせる場合のマナー**　保護者側から園に提出物がある場合にも、過度に子どもだけに任せるようなことは避けましょう。特に重要な提出物や個人情報にかかわる書類、金銭などが絡む提出物の場合には子どもに届けさせるのではなく、保護者と保育者との間で直接に行うべきです。大きなトラブルになりかねないような内容の場合、必ず園や保育者に直接手渡しするよう心がけてください。万一、子どもが手紙などをなくしてしまった場合にも、怒ったり叱ったりするのではなく、あくまでも子どもの行為として適切に諭すべきです。きちんと届けることができた場合には、子どもが自信を持つことができるように褒めることを忘れてはいけません。

野末晃秀

# 友達を押したりたたいたりしない

　子ども同士で口論になったりけんかになったりすることは、日常の保育生活の上でごく普通の姿です。むしろそのような相手との軋轢を繰り返しながら子どもは発達していくものであり、けんかも発達段階では欠かせないものといっても良いでしょう。

　**意思表示ができることの大切さ**　けんかなどの行動が大切であるとはいっても、自分の思うようにならないと手を出したり、前に並んでいる子どもを押してしまったりするような、相手を傷つける行動はよくありません。そのような行為を見かけたらすぐにそこに介入し、やった子どもとやられた子どもの両方から状況を聞き、適切な助言を行う必要があります。気をつけなくてはいけないのは、どちらか一方の味方になったり、良い悪いを大人が決めてしまうのではなく、たたいたり押したりといった行動を行ってはいけない意味を説明した上で、最終的に双方が納得する形で解決するように心がけましょう。早期解決しようと、大人が勝手にその場で判定してしまうと、子ども自身が納得できていないままになり、心の中に疑念や不満をいつまでも抱いてしまう場合があります。

　**手を出してしまった子どもの気持ちを理解する**　つい手が出てしまう子どもの中には、なかなか自分から十分に意思表示ができないことが発端となり、そういった行動に結びついてしまうことが多々あります。自分の感情や意見を伝えられない子どもの気持ちにできるだけ寄り添い理解しながらも、押したりたたいたりしてはいけないことを教えてやりましょう。さらに普段は温厚で物静かな子どもが、直接的な行動で表現した場合、その子の中には伝えようのない悔しさやつらさが大きく影響していると考えられます。いつも以上に寄り添って、理解してやることが大切です。

野末晃秀

# 道具は順番に使う

　日本人は世界でももっとも列や順番などを厳守する国民だと言われていますし、実際にその通りだと思います。そしてそのような美しい行動は子どもの頃に見た大人の姿や、実体験に基づいて育まれるものであるといえるでしょう。

　**子どもに教えるためには**　そのような行動を子どもが身につけるために、なによりも大切なのは大人自らが列を守り、順番を厳守する姿を率先して子どもに行動として見せるということです。人間としての矜持を持ち、ルールを守るとは何かを教えるためにも、率先してお手本となることが凡百な言葉を連ねるよりもはるかに効果的です。

　子どもたちが園に通うようになると園庭の砂場で遊んだり、保育室で製作のための道具を順番に使ったりするような場面に必ず遭遇することになります。その時にもルールを守り割り込むなどのずるい行動をしないようにするためには、家庭においても、外出先においても大人がお手本となることがもっとも大切です。また順番を守らなかった相手を見かけた場合には黙認することなく毅然と、しかしやさしく諭すことが大切です。

　**「譲る」という行為の大切さ**　さらに順番を守るだけではなく「先にどうぞ」と順番を譲る、という思いやりの心を育むことも必要でしょう。自分の周囲の気持ちを察し思いやりを持つことは、順番を守る行為よりも難易度の高い行動かもしれません。しかし、子どもだからこそ恥じらいやてらいなく行動できることも事実です。自分よりも弱者や、困っている相手に無理なく心遣いができることは人間にとって大切なことです。またそんな心遣いをしてもらった子どもは「ありがとう」という言葉を自然に言えるようになっていくでしょう。

野末晃秀

# 友達に「ごめんなさい」「ありがとう」が言える

「ごめんなさい」も「ありがとう」も、子ども自ら自然に出る言葉でありたいものです。友達に言えるようになるには、まず家族の間で言えるようになる必要があります。

**遊びの場面で** 子どもは、友達と活動したり遊んだりする中で、色々な場面に遭遇し、色々経験しながら育ちます。一人より友達と遊んだ方が楽しいと思うようになると、自分が主張する時、友達にも主張があると気づくようになります。それによってぶつかり合いもあります。概ね４歳位になると、自分の言い分を言葉で伝えたり、相手の言い分を聞いたりしますが、大人の仲立ちがないと調整できません。概ね５歳〜６歳位になると、大人が少しアドバイスをすれば、自分たちで調整するようになるといわれています。その頃には「ごめんなさい」「ありがとう」を言う場面が多くなるでしょう。

**意味のあるごめんなさい** 自ら言えるまでには時間がかかります。特に「ごめんなさい」を言うには勇気がいりますから、生活の中で場面を捉えて教えてやってください。促しても言えないときは、親が代わって謝る姿を見せておけば、やがて自ら言おうと思うかもしれません。言わされるのではなく、自ら言えてこそ意味のある「ごめんなさい」です。

**意味のあるありがとう** 「ありがとう」も同様です。親が付き合いの中で、お礼を言う場面では、心を込めて「ありがとう」を言う姿を子どもに見せてやってください。子どもから何か頼まれたら、黙って応じず、言葉を添えます。例えば「牛乳ちょうだい」には、「はい、牛乳どうぞ」と。「どうぞ」と言われると、反射的に「ありがとう」と言いたくなります。そういう場面を日々大切にして過ごすことが、子育てをする上でとても大切だと思います。

清水美智恵

# 「入れて」と言って仲間に入れてもらう

　友達の遊びに入りたい時、自ら「入れて」と言うのは、最初勇気がいります。入園後は、先生や年上の子たちが仲立ちして教えてくれるでしょう。それまでは親が意識的に子ども同士の関わりを持たせ、「入れて」と言いたくなるような経験を積ませてやりましょう。

　**友達や友達との遊びに興味をもつ**　子どもは、2歳位まで個々の遊びをしていますが、その後徐々に友達がしている遊びに興味を持ち始めます。でも、まだ大人の仲立ちがないと関って遊べません。概ね3歳位になると、友達の存在に関心を持ち、自分も主張するが、友達にも主張があると気づいたり、いつも自分の主張が通るとは限らないことにも気づくようになります。物の取り合いや順番を譲れない等の経験を通して、折り合いをつける必要があることを感じていくのです。ぶつかり合いがあっても、一人で遊ぶより友達がいたほうが楽しいと思うようにもなります。

　**入れてと言う機会を作る**　友達が遊んでいるところに参加したそうにじっと見ていたら、「一緒に遊びたいときは"入れて"と言うのよ」と声をかけてみるのも一つの方法です。いきなり自分では言えないかもしれません。一緒に言ったり代弁したりして教えてやってください。勇気が出ない子に「自分で言いなさい」は無理があります。断られるかもしれませんが、それも経験です。

　**経験を積む**　友達や友達の遊びに興味を持つようになったら、積極的に公園や遊びの広場等に出かけて、関わる経験をさせてやってください。関わることでぶつかり合いも生じます。それを避けたがる親もいますが、子どもは色々な経験をくり返して身につけます。「入れて」も自ら言えるようになるのです。

清水美智恵

# 友達とお弁当（給食）を食べる

　園生活の中でも、お弁当（給食）の時間は楽しみでほっとできる時ではないでしょうか。お弁当箱の蓋を開けた時の顔を想像しながら、凝った物でなくても心を込めて用意してやりたいものです。

　**最初は配慮が必要**　最初は緊張してしまう子もいます。慣れるまでは、決められた時間内に食べ終えられるよう、食べきれる量を入れ、嫌いな物は入れない等の配慮が必要です。先生に様子を聞きながら量を増やし、内容の工夫をしてみることです。食事は楽しくありたいものです。アレルギーのある子は、その旨園に伝えておく必要もあります。

　**食事のマナー**　席に座って食べる。「いただきます」「ごちそうさま」の挨拶をする。スプーン・フォーク・箸を使って自分で食べる。等のマナーを覚えることも大切です。離乳食の頃から食事の時間を大切にし、発達に合わせて教えてやります。親の悩みの一つ「遊び食べ」「ながら食べ」がありますが、食事に集中する為には、おやつの時間や内容に考慮し、空腹の状態で席につかせたほうがいいでしょう。途中席を立ってしまったら、それを強く叱るのではなく、親は席を立たずに戻るよう声をかけ、戻って座ったことを褒めるのです。それを繰り返し、入園までには、一定時間座って食べられるようにします。

　**大勢で食事をする経験**　入園前は、大勢で食事をする経験が少ない子もいると思います。核家族化、少子化の現代においては難しいかもしれませんが、親があえて機会を作ることも大事です。親戚の集まりで、いとこ達と席を並べて食事をしたり、友人家族とピクニックに行ってお弁当を食べる等。大勢で楽しく食事をする経験を積んでおくことが、園生活でも、友達とお弁当（給食）を楽しく食べられるようになることへとつながります。

清水美智恵

# 廊下を走らない

　公園や園庭、体育館などは、走ってよい場所と考えられます。子どもも遠慮なく走れます。家の中や保育室は、スペースが限られているため、走りたくても思ったように走れないでしょう。一方、廊下は障害物がなく、程よい広さと距離があります。大人よりも視野が狭い子どもにとっては、走りたくなる気持ちを掻き立てる場所かもしれません。しかし廊下を走ってはいけません。

　**走ってはいけない理由**　幼少期は大人のように危険を予測しながら行動することはまだ難しい時期です。ですから、廊下を走ると事故や怪我につながる可能性があります。出合い頭の衝突事故を起こしたり、走ることで滑ったり躓いたりして転倒し、大けがにつながりかねない事故に見舞われる可能性が高いからなのです。

　**ハインリッヒの法則**　1つの重大事故の背後には、29件の軽微な事故があり、その背後には300件のヒヤリ・ハット（事故にはならないがヒヤリとした事例）があるという、労働災害における経験則の一つです。「1：29：300の法則」とも呼ばれます。日常生活の中で、ヒヤリハットを減らすことが重大事故防止にもつながることになります。

　**「ダメ！」「走らない」では効果なし**　できることなら廊下は歩いてもらいたいものです。廊下を走っているとつい「ダメ」「走らない」という言葉を使用してしまいます。これらは禁止の言葉で大人にとっては都合のよい言葉ですが、子どもにとっては抽象的で理解しにくい言葉なのです。「ダメ」だけでは何がダメで、何をしたらよいのかが明確ではないからです。ただ大人の怖い声と表情だけが子どもに伝わることになります。「廊下は歩きます」というように、してほしいことを具体的に伝えると、子どもに伝わりやすいかもしれませんね。

實川雅子

# 園のきまりを守る

　入園し、お互いに心地よく生活をしていくためには、子どもが守るべききまりごとが必要になります。先生も「約束は守りましょうね」と、子どもに伝えていきます。

　**きまりが必要なわけ**　園は、大勢の子どもが生活をする集団の施設です。一人ひとりのよいところや個性を大切にし、育むことはその子の育ちにとってとても大切なことですが、人として周囲の人と共存して生きていくためには、ある一定のきまりを守ることも必要になってくるのです。例えば、「遊んだおもちゃは片づけましょう」というきまりがあったとします。園のおもちゃは、その子だけのものではなく皆のものです。次にそのおもちゃで遊ぶ人が気持ちよく遊ぶためには、遊んだおもちゃは片づけるというきまりが必要になるでしょう。更に、おもちゃが紛失したり壊れたりしないように、物を大切に使うという観点からも、おもちゃを片づけるきまりが必要になってくるのです。

　**自律する心を養う**　「きまりを守る」ためには、自分のやりたいことをある程度我慢することが必要になります。例えば、ブランコは順番に乗るというきまりがあったとします。すると、"今すぐブランコに乗りたいけれど順番（というきまり）だから、自分の番まで待とう"というように、気持ちをある程度我慢することになります。自分の意思で自分の行動をコントロールする力が養われることにつながるのです。

　**できた時に褒めて**　きまりが守れるようになるためにはどうしたらよいのでしょう。きまりが守れない時に「〜したらダメでしょ！」「何で守れないの？」という大人の関わりは、子どものできないことに注目してしまうのでよくありません。きまりが守れたときに「守れてえらかったね！」と認めていきましょう。

實川雅子

# 上履きに履き替える

　幼児が生活する施設では、玄関で外靴から上履きに履き替えることがあります。何となく当たり前のように行っていますが、自宅で上履きを履くことはなく、靴下や素足のことが多いように思われます。病院などでも履き替える場合もあります。ふだんから家でスリッパを履く習慣がある子どもなら園でもなじみやすいですが、園で初めて外履きと上履きがあることを知る子どももいるでしょう。

　**義務教育の開始**　明治5年の学制発布によって、学校の数が急に増えました。学校は西洋建築で建てられるようになりました。西洋建築ではありますが、靴を脱いで上がるという日本の文化は変わりませんでした。しかし、西洋建築に素足で過ごすことは、特に冬の寒い時期には耐えられません。そこで「上履き」が誕生して現在に至っています。「上履きに履き替える」習慣は、義務教育の開始とかかわっているのです。保育所・幼稚園は教育機関の一つです。

　**汚れを防ぐ**　上履きに履き替えるメリットの一つに、園内の汚れを防ぐことがあります。外靴についた土や泥などを、玄関で上履きに履き替えることで室内に持ち込まずに済みます。室内が汚れるのを防ぐわけですから、子どもが清潔に安心して生活できます。

　**けがを防ぐ**　上履きに履き替えるメリットには、けがを防ぐことも挙げられるでしょう。上履きを履いていることは素足を保護している事にもなりますので、切る・刺さる・物が落ちてくるなどのけがや事故から足を守ってくれます。

　子どもの足の形、サイズに合った上履きを用意し、（指定がある場合はそれに従う）週末は持ち帰り、きれいに洗って乾燥させ清潔に保つようにします。

寳川雅子

# 共有物は汚さない、壊さない

　園では大勢の子どもが生活をしています。それらの施設には共有物が多くあります。保育室やトイレ、階段、水道、園庭、靴箱、遊具、おもちゃ、椅子、机などがあります。皆が使用するのですから気持ちよく使いたいものです。

　**正しい使い方を教える**　特に初めての施設や場所、初めて使う遊具や道具など、使い方が分からないと共有のものであっても正しく使うことができません。結果として汚してしまう・壊してしまうことにもつながります。また、「汚してはいけません」「壊してはいけません」と、禁止事項ばかり伝えても、正しい使い方が分からないと汚したり壊したりする原因になります。最初の手続きとして、正しい使い方を発達に応じてわかりやすく具体的に伝えることが必要になります。

　**環境を整える**　幼い時期は「汚さないのよ」「壊さないのよ」と、言葉だけで伝えても十分理解できない場合もあります。汚してはいけない場所・もの、壊してはいけないもののそばに、正しい使い方を、イラストや写真などにして貼り、視覚的に子どもが理解できるような環境的配慮があるとよいでしょう。子ども自身がイラストや写真を見て・考えて・真似て学んでいくほうが、その都度大人に言葉だけで指示されるより、効果も期待できるでしょう。

　**間違いもある**　人間ですから間違って壊してしまう・汚してしまうこともあります。そのような場合の対処・対応方法を、落ち着いて、具体的に伝えることも忘れずに。決して感情的に、頭ごなしに叱らないようにします。間違いから学ぶことも人として生きていくためには大事な経験の一つだと思うのです。間違いの経験があったから、その後は気をつけられるようにもなります。

賓川雅子

# 人のものは勝手に使わない

　子どもが小さければ小さいほど、自分のものと他人のものを区別するのが難しいといえます。園の生活の中では、道具や持ち物がみんなと同じということがほとんどです。自分と他人のものとの差を見つけること自体が大変かもしれません。また、小さい時ほど、人が使っていたり、人が持っていたりすると、すぐに自分も使いたい・持ちたいという気分になります。そのことをまず、大人が理解することが大切です。

　**自分のものがわかるということ**　同じものの中から自分のものを見つけるのは、大人であっても至難の業ですし、探すのに手間がかかり嫌になり、近くにある人のものを勝手に使ってしまうことがあるかもしれません。だからこそ、まずは道具や持ち物が自分のものだとすぐに認識できる必要があります。子どもが小さければ、字は読めません。そのためその子の好きなマークや絵、シールなどを目印としてつけてやります。どの道具やおもちゃにも同じものをつけてやると、自分と他人のものの区別がつくようになります。また、探す際のヒントにもなります。子どもが自分の名前の認識できるようになったら、名前をつけるようにしましょう。

　**「貸して」「いいよ」を日常的に**　小さい頃から、「貸して」「いいよ」といった、人に物を貸したり、人から借りたりの経験を繰り返していることも大切です。「貸して」「いいよ」の単純なやり取りで、大きなトラブルを防ぐことになります。また、「誰に返すのか」「誰に貸していつ返してもらうのか」ということを日常の中でも実際に繰り返しておくと、あらかじめ自分の言葉で相手に伝えることができるようになり、約束を守ることにもつながります。その際、「（貸してくれて）ありがとう」の言葉も大切にしたいものです。

谷田貝円

# 通園バスの乗降の仕方

　通園バスを利用する登園、降園の時間は、子どもは平常心ではありません。そのような時、大きな事故につながってしまうこともあるので、大人と一緒にルールを守ることが大切です。バスを利用する際通園バスが来るまで、指定された集合場所で待つことがほとんどですがどうやって待つかが大切です。大人と一緒に手をつないで待つことを徹底します。何気ない話や、今日の園生活の予定、昨日の楽しかった話などをし、到着する場所で待ちます。登園する子どもが複数いる場合、子ども同士で遊び始め、親同士が話に夢中になっているという光景をよく見かけます。これは事故につながる要因にもなるので気をつけたいものです。子ども同士で遊びながら待つ場合は、大人がしっかり監視した中で遊ばせることが肝要です。バスの姿が見えたら遊びをやめさせ、親子で手をつないで待つことが大切です。

　**安全確認は親子で**　バスの到着時に、子どもがあわてて飛び出し事故になるケースや、降車後の道路への飛び出しによる事故というケースも少なくありません。通園バスには必ず添乗の職員（先生）がいます。添乗者がドアを開けたのを確認してからバスに近づきます。その際、歩行者や自転車などがバスと乗車する人の間を通ることがあるので添乗者も確認していますが、親自身も子どもに声をかけ、左右を確認し、直接添乗者に手渡します。降りてくる際は逆に、親がドアまで迎えに行き、添乗者より手渡しで受け取ります。乗車の際の「おはようございます」「お願いします」、降車の際の「ありがとうございました」「さようなら」などの挨拶は、子どもたちへの見本となります。自分たちのために働いてくれる人がいることに気づくチャンスでもあります。大人がまず積極的に挨拶をしたいものです。

谷田貝円

# 遊具を片づける

　集団生活の中では、遊ぶ時間と片づける時間が決まっています。遊んだ後、自分が使ったものを片づける習慣を身につけるにはどうしたらよいでしょうか。使ったもの、遊具を片づけるためには、片づける場所や方法がわかりやすくなくてはいけません。絵や写真等で表示されていると、子どもたちにもわかりやすいので片づけやすくなります。

　**まず大人がそして子どもと一緒に片づける**　「使い終わったら片づける」ということを繰り返し行うことが大切です。きちんと片づけることよりも、自分で片づけるという習慣が大切なのです。そのために、大人も一緒に何度も片づけ、方法の見本を示します。その際、言葉をかけながら進めるようにします。「これはあそこの場所だよね」と確認しながら手伝いをすると良いでしょう。また、小さな遊具や部品であっても、なくなってしまうと遊べなくなってしまうことを伝えるようにします。子どもに対しては指示だけでなく何度も何度も片づける理由を繰り返して話すことが大切です。

　**整理整頓を心がけましょう**　整理整頓を子どもと共に行うとよいでしょう。子どもが小さいときは、大人が遊ぶ環境としての物の整理整頓をしておきます。小学校入学以降は、自分一人で自分の机の周りや机の中を片づけたり、整理整頓したり、毎日の授業の教科書等の準備をしなくてはいけません。もし、この習慣が身についてないと、使ったら使いっぱなしになり、ものがなくなってしまうことになります。そのために小さいときから片づける習慣を身につけることが大切です。家庭では、片づけをしなくてものがなくなっても自業自得で済みますが、園ではみんなのおもちゃがなくなり、遊べなくなってしまうことになります。片づけはとても大切な習慣です。

谷田貝円

# 園のトイレに行く

　園のトイレは自宅のトイレと違い、他の人も使う場所です。汚れていたら使いたくなくなります。それは自分だけでなく、次に使う人のためにも大切な気遣いであると教えます。

　**トイレの使い方を確認する**　園のトイレはドアが開放されていたり、装飾されていたりと、子どもが入りやすい作りになっているところも多いようです。子ども用便器が設置されているので、子どもには使いやすいでしょう。男の子は便器に向かい前に進み、おしっこが床にかからないようにします。女の子の場合、洋式時は便座に深く座り、和式の時は少し前の方でしゃがみ、便器外におしっこが散らないようにします。

　**トイレットペーパーの使い方**　トイレットペーパーを使って一人で拭くことができない子や、一人で拭けても団子のように紙を丸めて使っている子もいるようです。トイレットペーパーは折りたたんで、面を作って拭きます。汚れたらさらに折りたたんで拭くこと教えましょう。大便の場合、便が紙につかなくなるまでペーパーで拭きます。何回か拭くとつかなくなるので、それから下着を履きます。女の子の場合、大便の菌が陰部に入りやすいのでお尻側から手を回して、前から後ろに向かって拭くことを教えます。紙は使いすぎないようにします。

　**トイレから出たら手を洗って拭く**　用を足したら、下着（パンツ）をあげてから、ズボンを上にあげます。パンツよりズボンを先にあげると身なりが整いません。使い終わったら、トイレの水を流します。自動水洗の場合でも、排泄物がちゃんと流れたかどうかを確認するようにして、一度で流れない場合は、少し待ってからもう一度流します。トイレから出たら、石鹸を使ってきちんと手を洗い、しっかり拭くことも習慣づけられるように教えます。

谷田貝円

# 棚に自分のものをしまう

　園の生活の中では、みんなで製作したり、個人で製作したりするとき、ハサミやクレヨン、のりなどの個人の所有物を使うことがあります。年度始めに一斉に購入する場合や個人購入する場合があります。進級するととともに、使う道具、自分で道具箱に入れて管理する道具が増えていきます。

　**使い終わったら元に戻す習慣**　本や絵本など読み終わった後の片づけ、共通の道具などを使った後の片づけもとても大切です。自分でしまう習慣をつけておきましょう。片づけるためにはその場所や方法がわかりやすくなくてはいけません。どこの場所にどうやってしまうのか、絵や写真等で表示されていると子どもたちにもわかりやすいので片づけやすくなります。個人所有の道具を道具箱に片づける際には、何が入っているべきか表示されているとよいでしょう。整理整頓された写真などがあるとゲーム感覚で同じように片づけ、写真がなくなっても身について片づけることが習慣となります。またクレヨンや絵の具などを片づけると減っていたり容量がなくなっていたりすることに気づくことにもなります。使ったものは元の場所にしまう、自分のものもクラスで使うものも、使い終わったら元にあった場所に戻すという習慣を、家庭でも園でも繰り返し身につけさせておくと良いでしょう。それができないと、なくなっても気づかなかったり使いたいときにどこにあるかわからなくて困ったりしてしまいます。

　**次に使いやすいようにする**　きれいに片づけておくと、次に使うとき、次に使う人が使いやすいことを、折に触れて言葉にするとよいでしょう。使ったら使いっぱなしにならないうちに、片づける、棚に戻すといった自分でしまう習慣を身につけさせましょう。

谷田貝円

# 園と小学校の違い

　卒園、そして小学校への入学は、子どもにとって大きな人生上の転機となります。子ども自身の興味・関心を、生活の中で、遊びを通して深めて学んでいく生活経験カリキュラム中心の園生活から、教科書、教師の教え、友達との学び合いを軸にして組み立てられる教科カリキュラム中心の生活へと移行していくことは、子どもにとっても大きな戸惑いのきっかけになることがあります。時間の区切りが曖昧な園生活から、時間の区切りが明確な小学校での生活への変化は、子どもたちに活動の区切り、けじめをつけることを求めてきます。

　**戸惑いはあって当然**　小学校入学当初の子どもの戸惑いには、学びの方法の変化に関するもの、学びの内容の変化に対するものが多く見られます。入学当初、緊張感が高まる子どもの内面の揺れ動きを受けとめましょう。多くの場合、1〜2ヶ月ほどで小学校生活に順応し、教室やクラスを「自分の居場所」として受け入れることができるようになります。

　**自覚的な学びへ**　小学校では友達関係も広がり、仲間と共に学ぶことで、自分が今行っている活動の目的、目標がはっきりと自覚されるようになっていきます。子ども自身が、今、そしてこれから自分が何を学ぼうとしているのかという目標と、何を学んだのかという自分の現状を、意識しながら学ぶようになっていきます。小学校での学びを支えるために有効なのは、子どもと一緒に、学校での出来事、学んだ内容について語り合うことです。小学校での達成感や不安感を共有してもらえることは、子どもに、家庭が安全基地であるという信頼感を強くさせますし、自分の経験を言葉、文章にして話すということそのものが、子ども自身が、学んできたことを自分なりに身につけ、成長していることを確認して、自信をつけていく過程に他ならないからです。

吉田直哉

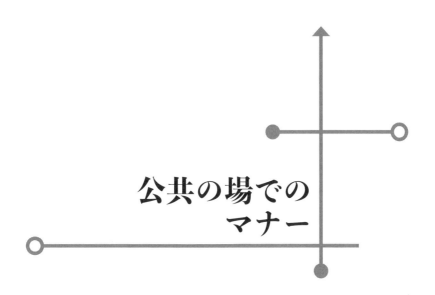

# 公共の場での
# マナー

# 公共の場でのマナー

　公共の場でのマナーを身につけることは、生きていく上で重要な知恵の一つです。子育てにおいて公共の場は、互いが心地よく過ごすために子どもの気づく力、思いやる力の育ちの場、と考えるとよいでしょう。

　**自分の家と公共の場の違いを知る**　自分の家は、子どもにとって自分の思いを受け止めてもらえる環境です。しかし家の外には色々な人が色々な事情、思いを抱えて一緒に過ごす場があり、特に公共の場はお互いが譲りあうことで心地よく過ごすことができる場です。幼い子どもにとっては、まず「ここは自分の家とは違う場所」と気づくことが、マナーの学びにつながります。

　**親の体面を優先しない**　公共の場の中で子どもが自分の家のようにふるまえば、周りの人たちは迷惑に感じます。人はそれぞれに感じ方、事情があることを、まず親がわきまえている必要があります。時には親が子どもと周囲との板挟みになることもありますが、そんなとき親が自分の体面を気にした叱り方をしてしまうのは避けたいものです。

　**共感する心を育てる**　子どもは家族に見守られている安心があれば、外の世界に好奇心をもって色々なことに気づきます。このときに、自分目線で見たものをとらえるだけでなく、相手の気持ちを想像すること、知らない人たちも自分と同じように色々なことを考えたり感じたりしている、という共感の気持ちを育てることが、思いやりの行動へとつながっていくでしょう。

　公共の場で、お互いに気持ちよく過ごすための約束事が身につくことは、子どもの社会性の発達にも大きな意味があります。失敗や反省も成長のきっかけになるように見守りながら、子どもが社会と関わる経験を増やしてやりましょう。

藤田寿伸

# コンビニ、スーパーでのマナー

　コンビニはコンビニエンスストアのこと、スーパーは、スーパーマーケットのことで、セルフサービス方式の小売店のことです。24時間営業のお店もあります。子どもに買い物の仕方を教えてやることも大切です。

　**約束をする**　コンビニやスーパーに行く前に子どもと次のことを約束します。①親と手をつないで歩く。②走らない。③大きな声を出さない。④買わない商品には触らない。⑤会計前の商品を開けない、などです。そして、お店に入る前にもう一度、「お店で走っていいのかな？」「ダメだよね。手をつないで歩こうね」などと再確認します。

　**コンビニ、スーパーの買い物の仕方**　入り口でかごをとる、必要な商品を選び、かごに入れる、レジで精算し、品物を袋に入れて持ち帰る。コンビニやスーパーは、食料品や日用品を購入するところです。デパートや専門店のように商品を手にとってウィンドウショッピングをする場所ではないこと、友達と待ち合わせて遊んだりする場所ではないこと、長居をする場所ではないことを教えます。混雑しているときは譲り合う、試食は親に聞いてから、といったマナーも伝えておきましょう。「この牛乳と人参を探すのを手伝ってもらえるかな」などと伝え、買い物リストを作ってから出かけるのもよいでしょう。文字が読めなかったり、購入する品物がわからない場合には、イラストを描いたり、インターネットで写真を見せたりします。子ども用の買い物かごが置いてある場合は、持たせて一緒に買い物すると子どもも飽きません。

　**気持ちを受け止める**　子どもがマナー違反をした時、子どもの行動を注意するだけでなく、気持ちを分かってやりましょう。「飽きちゃったね。帰ったら〇〇して遊ぼうか」などと、子どもの気持ちを受け止めて、共感してやることが大切です。

大﨑利紀子

# 病院でのマナー

　子どもを病院に連れて行くということは、子どもの体を心配する気持ちも含めて、親にとってかなり負担が大きいことです。子どもの状態が早く良くなって欲しいと思うと同時に、病院での時間が穏やかに過ごせるかどうかの心配も加わります。

　風邪等が流行している時は、診察までの待ち時間も長くなります。子どもの年齢や性格によっては、その時間は大変なストレスとなります。

　**病院で心得ておくこと**　病院にいる時、親子で一番心得ておかなくてはならないことは具合の悪い他の患者もいるということ、診察をしてもらう立場であるということです。このことを常に考えて気持ちよく診察してもらえるようにしたいものです。

　**診察の待ち時間**　できるだけ静かにすることは鉄則です。子どもの性格や体の状態によっては、待つことが難しい場合もあることでしょう。体がだるい様子ならば抱いて背中をさすってやったり、軽い状況であれば、お気に入りの絵本を用意して読んでやったり、手遊びで気を紛らわせてやることも方法です。長く待つようであれば、ちょっと席を外して、外の景色を見せながら気分を変えてやるのもよいでしょう。

　**診察の順番がきたら**　医者や看護師に挨拶をします。親だけでなく子どもも挨拶するように促しましょう。一言挨拶をすることで、お互い気持ちよい状況で診察に入ることができます。診察中子どもが泣きわめいたり、暴れたりすることもあるかと思います。そのような時、親は看護師の指示に従い、子どもを怒らず、励ましながら診察が順調にいくように協力しましょう。

　**診察が終わったら**　医師、看護師に「ありがとうございました」と親子で挨拶して退室します。

古明地麻利子

# 迷子にならない

　4歳くらいまでは、一つの事に関心が集中してしまうため、大人から離れて急に走りはじめたりすることがあります。親から離れてしまったことに気づいて不安になり、時にはパニック状態になり、さらに動き回って迷子になってしまうこともあります。そんな状態の子どもは事故や事件に巻き込まれやすいので、迷子にさせないように気をつけましょう。

　**迷子にさせないために**　①子どもから目を離さないことが大切です。子どもを後ろにして歩いていると、子どもが興味のあるものに近づくことに気がつきません。子どもと歩調を合わせて歩きます。子どもが先に走っていくタイプであれば、大人も歩きやすい靴を履いてすぐに追いつけるようにします。普段と違うところでは気分が高揚して走り出すこともあります。複数で見ている時には誰かが見ているだろうという隙ができてしまうので、責任者を決めておくとよいです。人と話していたり、メールチェックをしたりしている時は要注意です。エレベーターや階段、道路などの危険の近いところでは遊ばせないようにします。②短時間でも子どもだけで、待たせることはやめましょう。普段からよく行くスーパーなどであっても、「ここで待っていて」と言って、親が離れたことで迷子になるケースもあります。車の中で子どもだけで待たせることは厳禁です。

　**子どもに伝えておくこと**　①迷子になったら危険であること、大人が心配することを伝えておく。②小さいうちから自分の名前を言えるようにしておく。③はぐれてしまったら動き回らずその場にいる。④周りの人に迷子と分かってもらえるように大きな声を出す。⑤店の中で迷子になったら、店の人に言ってママやパパを呼んでもらう。店以外のところでは、子どもを連れた人に頼む。

石井惠子

# 遊園地やテーマパークでのマナー

　遊園地やテーマパークは子どもにとっても、大人にとってもとても楽しい場所です。それだけにいつも以上にはしゃいだり、興奮したりしてしまいます。また、長期休みの日など、長蛇の列で待ち時間も長いこともあり、楽しみ反面、待つ大変さもあります。

　**待ち方を教える**　他の利用客に迷惑がかからないように、列に並ぶこと、大勢の中での待ち方など伝えたいものです。子どもたち自身と大人も一緒に楽しみながらも、他の利用客に迷惑をかけないように、「動くとぶつかる」「列が動いているよ」などと周りを意識した話しかけも必要です。なぜ並ぶのか、並ぶことによって何ができるのかなど、話をしながら待つとよいでしょう。また動いてしまうと、迷子になったり事故にあったりすることも伝えておく必要があります。一度だけでなく、その都度繰り返し、「手をつないでおこうね」と子どもに伝えます。大人としての配慮が必要です。

　**待ち方の手本は大人。子どもへの注意の仕方に注意**　気持ちが高ぶっていると、大きな声で話しがちです。混んでいる時には、「他のお客さんに迷惑かかるから静かに話そうね」、などと声をかけながら過ごします。実際にほかの利用客にぶつかったりした場合には、子どもにまかせて知らんぷりするのではなく、保護者として「うちの子どもがご迷惑おかけしてしまって申し訳ありませんでした」と謝る姿を子どもに見せることも必要です。間違っても、大人が大きな声で子どもを怒鳴りつけ叱ることは避けましょう。周りから見ても、快くありません。せっかくの遊園地やテーマパークでの楽しい雰囲気が半減してしまいます。大人の行動がこういった場所での子どもの見本となることを忘れずに大人自身も注意して楽しみたいものです。

谷田貝円

# ホテル、旅館でのマナー

　子どもにとって家族でホテルや旅館に泊まることは、とても楽しいことです。気持ちが高ぶり、はしゃいでしまいがちですが、多くの人がそれぞれの目的で利用する場所ですので、しっかりとマナーを伝えて、みんなが快適に過ごせるようにします。

　**館内での過ごし方**　館内を走ったり、大声で話したりすることは、周りに迷惑がかかることを教えます。部屋から廊下に一歩出ると公共の場となりますので、パジャマやスリッパのまま出歩かないことを伝えます。一般的には、大浴場がある所では、浴衣姿のまま浴場やラウンジなどへ行くことはマナー違反になりませんが、シティホテルでは浴衣やスリッパの着用は部屋だけに限られます。お土産売り場では、購入するもの以外はむやみに手を触れないように伝えることも大切です。

　**食事の仕方**　食事中は、子どもが騒いだり、立ち歩いたりしないように家族で会話を楽しみながら食べます。バイキング形式の場合は、次のようなマナーを教えます。①他の人が並んでいる間に割り込まない。②大皿から一度取った料理を戻さない。③食べられる分だけ取る、などです。子どもは、たくさんのおいしそうな料理を目の前にすると、食べられる量以上に取りたくなるので「食べ終わったらまた取りに来ようね」と声をかけるようにします。

　**風呂の入り方**　ユニットバスを使う時は、トイレが濡れないようにシャワーカーテンをバスタブの中に入れることを伝えます。大浴場に入る前には次のことを教えてください。①入浴する前に体を洗う。②走らない。周りに迷惑をかけるだけでなく、けがの元になる。③湯船にもぐったり、泳いだりしない。④湯船にタオルや髪の毛が浸からないようにする。⑤体を拭いてから脱衣所に入る、などです。　　　　　大﨑利紀子

# 食堂、レストランでのマナー

　外食をするということは楽しいことです。楽しく食事をするには、そこが公共の場であるということをしっかり認識する、また、させることが大切です。その場にいる人、皆が楽しく気持ちよく過ごせるような気遣いや行動ができるようにしたいものです。

　**料理を待つ間の時間心得る事**　周りに迷惑にならない程度の声の大きさで楽しい会話ができることがベストです。ただ、待ち時間が長引いたり、子どもによっては、じっと座っていられなかったりする子もいます。そのようなことを想定し、子どもが静かに座っていられるにはどうしたらよいか、事前に準備しておくことも必要です。

　**待ち時間の過ごし方**　例えば絵本やちょっとした小さなおもちゃを用意したり、皆で一緒にできるクイズやしりとりゲーム、手遊び等々子どもの気分を変えられる楽しい事を準備したりしておくと良いです。

　しかし、それでも待つことに飽きてしまい大声を出しぐずる場合もあります。そのような時は、他のお客さんへの迷惑にならないようにすぐに席を立ち子どもを店の外に連れ出し、外の様子を見せる等気分を変えてやるということも必要です。ぐずることを叱っても、子どもは行儀よく待つことはできません。子どものぐずる声、大人の叱る言葉や態度は、他のお客さんにとって大変不愉快な気分になります。周りに気を遣うことを自然な形で子どもに分からせていくことが大切です。

　**食事中のマナー**　家での食事と同じように、できるだけ食事に集中してこぼさずきれいに食べる。食べ終わったら、お箸やスプーン・フォーク等をきちんとそろえておくことも気をつけさせます。

　また、料理を待つ時と同じように早く食べ終わった時も、静かに待ち皆が楽しく食事ができるようにしましょう。　　　　　　　**古明地麻利子**

# 図書館でのマナー

　図書館は、子どもから高齢者まで多くの人が利用できる公共施設で、小さな子どもも利用しやすくなっています。みんなが気持ちよく利用するために、他の利用者の迷惑になるような行為は慎まなければいけません。子どもにも図書館でのマナーを教えることは大切なことです。

　**親が教えたいマナー**　図書館でのマナーを教えるには、静かに本を読んだり調べたりしている人がたくさんいることに目を向けさせることです。どのように過ごしたらよいか、一緒に考えます。「大声を出さない」「走らない」ことは、子どもに教えたいマナーです。大声をあげると本を読んでいる人が嫌な気持ちになります。走ると人や本棚にぶつかり危ないです。ただ注意するのでなく、なぜ騒いだり走ったりすることがいけないのか、子どもによく分かるように伝えることが肝要です。また、本はみんなのものなので、汚したり落書きをしたりしないことや持ち帰る時は図書袋を使用することも教えたいものです。

　**親が気をつけたいこと**　図書館で、本を探したり読書をしたりする時は、子どもと一緒に行います。近くに親がいなくなると子どもは不安になります。また、図書館での飲食はできません。飲食できるコーナーを設けている場合はそこを利用しましょう。棚から取り出した本は「元の場所に返す」次に借りる人のために「返却日を守る」ことは、子どもが小さいうちは親が気をつけることです。

　**図書館を上手に利用する**　たくさんの本の中から、気に入った本を探すことは、子どもにとっては楽しい経験です。どんな本がおすすめか司書が相談にものってくれます。「子どもコーナー」では、読み聞かせや親子で楽しむための集いをしている図書館もあります。上手に利用して子どもの本の世界を広げて下さい。

永野三枝

# 横断歩道を渡る

　車社会と言われる現代、子どもが交通事故に巻き込まれるケースが増えています。横断歩道での事故も後を絶ちません。横断歩道でどのような行動をすれば安全か、なぜそうするのか子どもと一緒に道路を歩きながら、大人が教えることが大事です。

　**信号機のある横断歩道**　道路はたくさんの車が走っている所で、交通ルールを守らないと危ないことを、機会を捉えて実感させることが大切です。信号機や横断歩道がなぜあるのかを教え、どのような行動をとると安全か親子で考えます。横断歩道で待つ時は「離れて待つ」目の前の歩行者専用信号機が青（歩く）になっているか「確認して渡る」ことが大事です。中には信号無視をする車もあります。また、車は急に止まれない時があります。必ず「右を見て、左を見て、もう一度右を見て」車が止まっているか確認して渡ることを習慣化させることです。

　**信号機のない横断歩道**　信号機のない横断歩道では、子どもが立っていても止まってくれない時があります。運転手から小さな子どもが見えない場合もあります。ここでは、「必ず止まって車を見る」ことを意識させます。車が見えたら通り過ぎるまで待ち、車が通っていないことを確認して、手を高く挙げて渡るようにすることです。車が止まった時は運転手と顔を合わせ、「ありがとう」の気持ちを会釈で伝えてから渡るといいです。運転手も子どもが渡る時に気をつけてくれます。

　**身につくように繰り返す**　交通ルールは、すぐには身につきません。散歩や買い物など日常生活の中で、安全な渡り方を繰り返し行うことで身につくようになります。就学前には必ず通学路を一緒に歩いて、危険な所を確認します。どのような行動をすれば安全か、子どもが自分で考えて判断できることが大切です。

永野三枝

# 自転車に乗る

　補助輪を外して自転車に乗れるようになると、今までよりも行動範囲が広がり楽しみが増えていきます。しかし、乗れるようになったからといってすぐに一人で公道を走らせるのは危険です。標識やミラーの存在、車のウィンカーの意味等、大人には当たり前でも子どもにとって知らないことは多くあります。自転車を操縦すると同時に周囲に目を向けることは難しく瞬時に判断を迫られることもあり、気づかずに危険な行為をしている場合もあります。子どもに交通ルールやマナーを教えていくことは大人の大切な役割です。安全教室を開催し、自転車に単独で乗ってよい年齢を定めている地域もあります。

　**ヘルメットの重要性**　道路交通法により、13歳未満の幼児・児童はヘルメット着用の努力義務が制定されています。自転車乗用中の死亡事故では、頭部損傷によるものが多いことが分かっています。あご紐が緩んでいないか等適切に被ることができているか大人が確認します。

　**自転車保険の加入**　自転車は道路交通法では軽車両と位置づけられています。13歳未満と高齢者、安全に走行できないときは歩道を走行することが認められていますが、歩行者優先でスピードを出さずに走行しなければなりません。歩行者との事故等で、自転車の利用者が加害者となり１億円近い賠償が命じられるケースもあります。子どもが加害者となることも例外ではありません。地方公共団体において保険加入の義務化が進められている今、自動車保険と同様に考える必要があります。

　**低年齢児の自転車**　通常の自転車よりもコンパクトサイズで、倒れたときに自力で起こすことができ操縦しやすい、低年齢で乗れるものがありますが、運動能力と判断力は別です。公道では持ち運び、広い公園で大人が付き添って楽しみましょう。

濱野亜津子

# 危険な場所での注意

　子どもは好奇心旺盛です。知覚する全てのモノが、とても魅力的に見えます。それ故に、大人が気をつけて見ていないと、思わぬところで大きな事故やけがにつながりかねません。どのようなところに危険が潜んでいるのかを大人がきちんと把握しておくことが、危機管理の第一歩となります。

　**道路は子どもの遊び場ではない**　道路でキックボードやスケートボードなどの、車輪のついた遊具を使って遊んでいる姿が散見されます。道路は車両や歩行者が通行する場所ですので、道路を遊び場にすることは止めさせます。自宅前の道路や駐車場も同様です。子どもは体が小さい上に、かがんだり寝そべったりして遊ぶことが多いです。自宅前ということで親も油断してしまいがちなので、特に注意が必要です。

　**お店に潜んでいる危険**　親子で買い物にでかけると、子どもの気持ちは楽しさゆえにいつもより弾んでいます。ですので、事前にやってはいけないことについて話しておくことが肝心です。例えば、エスカレーターでは「身を乗り出さない」「手すりの飲み込み口に指や物を入れない」等が挙げられます。また、お店の駐車場も同じです。駐車場内では、必ず子どもと手をつなぐようにします。

　**公園に潜んでいる危険**　公園は開放的な空間なので、子どもは思いっきり走り回って遊びます。遊びに夢中になりすぎて、周囲が見えづらくなっているので、きちんと大人が見守るようにします。例えば、ブランコと衝突する・枝が目に刺さる・上着のフードが滑り台に引っかかる・ジャングルジムから足を滑らせるといった事故が考えられます。危険だからといって何もかも禁止にするのではなく、安全に留意しながら遊べるように配慮が大切です。

谷本久典

# 父母の名前・住所が言える

　子どもが迷子になったとき、自分の名前や保護者の名前・住所を言うことができる力を身につけることは、保護した人が保護者に連絡する際に有効で、安全上の観点からも重要です。では、どうしたらこうした力を身につけられるでしょうか。

　**パパ・ママにも名前がある**　幼児は自分の父母のことを「パパ、ママ」または「お父さん、お母さん」と呼ぶことが一般的でしょう。2歳くらいまでは、この呼名と名前の両方があることを意識している子どもは少ないかもしれません。この時期に無理やり名前を覚えさせる必要はありませんが、時折「ママの名前は○○よ」と知らせていくようにすると、記憶されていくでしょう。さらに「お出かけしているときにパパやママとはぐれちゃったら『パパとママがいないの』『迷子になりました』と言えるかな。『私の名前は△△です』『ママの名前は○○です』って言えるかな」と練習するとよいでしょう。可能であれば、このときに住所も言えるように練習してみましょう。誰かに協力してもらって、問いかけてもらうようにしてもよいかもしれません。番地まで詳しく言えるに越したことはありませんが、迷子になったときに「どこから来たの」と聞かれたら「○○市」と答えることができれば、幼児期においては十分です。

　**必要なときだけ伝える**　ただし、父母の名前や住所を言うことができるようになると、逆に危険を招きかねない場面もあります。それは犯罪に巻き込まれるケースです。他者にやたらに自分の情報を知らせるのではなく、必要なときにだけ伝えることが重要である、ということ子どもにもきちんと教えます。まずは、親子ともに迷子にならないように心がけることが一番です。

福田真奈

# 安全に電車・バスに乗る

　子どもは乗り物が大好きです。親や大人と一緒に電車・バスに乗ることで、その場で安全に必要なルールやマナーを安全や危険について、考えたり、教えたり、命を守る大切さを伝えることができます。大人の振るまいや言動から子どもは安全への意識を深め、社会的行動を学びます。

　**公共機関でのルールを守る事が安全になる**　電車、バスに乗る際の基本的なルールを親子で実践することが大事です。①ホームやバス停・車内では、騒がない、ふざけない、走らない、②電車・バスを待つときには、前の人に続いて並ぶ、③乗降の際は、降りる人が優先、④ぶつかったときには「ごめんなさい」「失礼しました」と挨拶する、⑤混雑している場所で人を押さない、⑥乗車時刻を確認し、余裕を持って電車、バスを待つ、⑦譲り合って座席を使う、⑧車内で立っているときには、手すりをつかむなど、安全に必要なルールを実践しましょう。

　**切符を買う**　幼児の場合、大人と同行の際は乗車賃無料です。現在はICカードで乗車することがほとんどですが、券売機で切符を買ったりチャージをしたりする場合の注意があります。券売機に並ぶ前に、行き先や金額を確かめておき、必要金額を用意しておきましょう。バスの場合は、前払い後払いと会社によって支払い方法が異なります。あらかじめICカードや料金を用意しておき、スムーズに支払えるようにします。

　**座席に座る、座席を譲る**　座席には足をそろえて座ります。子どもが窓の外を見たがる場合は、必ず靴を脱がせましょう。乗車が長時間になるときには、手持ち無沙汰でぐずらないように、小さな絵本を携帯して読ませたりするのもよいでしょう。小学校に入って車内でしっかり立っていられるようになったら、お年寄りや具合の悪い人には座席を譲るようにしましょう。

長瀬恭子

# トイレでのマナーと注意

　使用したトイレの状態が、すぐ後に入った人が気持ちよく用を足すことができるようにします。汚れたトイレに入ることは、不衛生であり、不愉快な気持ちにもなります。また、防犯上、トイレは子どもだけで行かせず保護者が必ずつきそうようにします。

　**心がけること**　切羽詰まった状況まで我慢せず、早めに用を足すことを心がける必要があります。ゆとりのない状況でトイレを使うと、汚す可能性が高くなります。外出した場合、タイミングをみてトイレへと促してやる、ゆとりがある状態であってもトイレがあれば、早めに行っておくようにさせます。

　**トイレを使う時**　男の子ならば便器の前にしっかり立ち用を足すことに集中させ、女の子は便座にしっかり座ることを習慣化させましょう。床におしっこが飛び散ることのないようにします。外出先では、和式トイレを使わざるを得ない場合もあるので、使い方も教えておくことが大切です。男の子の場合、小学校に入学するまでに、おしっこをする時はズボンもパンツも下さずに用を足せるようにしておくことが必要です。学校や公共の場での男性の小便用便器は個室の中ではないので、ズボン、パンツを下ろしてしまうと、お尻が丸見えになってしまいます。場合によっては、トイレの外からも見えかねません。

　**トイレットペーパーの使用に関する注意**　使用するトイレットペーパーの長さは80cm 位にします（日本トイレ協会による）。大量使用は紙の無駄ばかりでなく、時にはトイレが詰まり汚水があふれてしまいます。紙をたくさん使いそうな場合は、こまめに流してきちんと流れたかどうかの確認も忘れずに習慣づけます。洋式トイレで、蓋がある場合は蓋をしてから流します。

古明地麻利子

# 付録　子育ての参考になる書籍

石田勝紀『子どもを叱り続ける人が知らない「５つの原則」』ディスカ
　　ヴァー・トゥエンティワン、2017年

猪熊弘子・寺町東子『教育・環境・安全の見方や選び方、付き合い方ま
　　で　子どもがすくすく育つ幼稚園・保育園』内外出版社、2018年

今井和子・近藤幹生監修、林薫　編著　『食育・アレルギー対応』ミネ
　　ルヴァ書房、2021年

島村華子『モンテッソーリ教育・レッジョ・エミリア教育を知り尽くし
　　た　オックスフォード児童発達学博士が語る　自分でできる子に育つ
　　ほめ方　叱り方　３歳　〜12歳の子ども対象』ディスカヴァー・トゥ
　　エンティワン、2020年

ブレディみかこ『ぼくはイエローでホワイトで、ちょっとブルー』新潮
　　社、2019年

三池輝久『子どもの夜ふかし　脳への脅威』集英社、2014年

谷田貝公昭監修『イラスト版　６歳までのしつけと自立』合同出版、
　　2015年

谷田貝公昭、村越晃監修『絵でわかるこどものせいかつずかん』（全４
　　巻）合同出版、2012年

谷田貝公昭・村越晃監修『イラスト版子どものマナー』合同出版、1996
　　年

養老孟司・池田清彦・奥本大三郎『「脳化社会」の子どもたちに未来は
　　あるのか　虫捕る子だけが生き残る』小学館、2008年

# 索 引

## インターネットではわからない
## 子育ての正解（幼児編）

2021年11月2日　初版第1刷発行

監　修　谷田貝公昭

編　著　髙橋弥生・大沢　裕

発行者　菊池公男

発行所　株式会社 一藝社

〒160-0014　東京都新宿区内藤町1-6

電話　03-5312-8890　Fax　03-5312-8895

info@ichigeisha.co.jp

振替　東京00180-5-350802

印刷・製本　亜細亜印刷株式会社